AUF DEM HOHEN BERG

Stefan König

AUF DEM HOHEN BERG

Eine Liebesgeschichte. Anno 1906.
Auf der Zugspitze

ROMAN

BERG & TAL

ISBN 978-3-939499-15-2

www.bergundtal-verlag.de

Layout/Satz: Maren Gehrmann, Germering
Covergestaltung: Christian Weiß, München, unter Verwendung eines Postkartenmotivs von Ernst Platz aus dem Jahre 1902 (zur Verfügung gestellt vom Archiv der Marktgemeinde Garmisch-Partenkirchen).
Autorenfoto auf der hinteren Einbandklappe: Antje Koral
Druck und Bindung: Westermann Druck, Zwickau
Printed in Germany

1

Im Oktober des Jahres 1906, früh am Morgen eines wundervollen, aber kalten Herbsttages, machte sich im Werdenfelser Reinthal eine aus Menschen und Tieren zusammengesetzte Gruppe auf den Weg. Fünf Männer, sechs Maultiere und ein Meteorologe. Bei Letzterem handelte es sich um Anselm Straub, der erst vor wenigen Wochen seinen siebenundzwanzigsten Geburtstag gefeiert hatte. Er war bestimmt dazu, als Wetterwart den bevorstehenden Winter auf der Zugspitze zu verbringen.

Ganz allein auf Deutschlands höchstem Berg, zweitausendneunhundertvierundsechzig Meter hoch.

In diesen Hochlagen dauert der Winter lange. Erst Mitte Juni des darauffolgenden Jahres sollte der Wetterwart abgelöst werden. Straub würde also acht Monate lang die Temperaturen und den Luftdruck überwachen, die Windgeschwindigkeiten und die Schneehöhen. Er würde die Wolken studieren und die Fernblicke vermessen. Und er würde Buch führen über das Wesen des Wetters und der Natur.

Seine wichtigste Aufgabe freilich war, täglich Wetterprognosen ins Tal zu melden. Dafür gab es ein Telefon; die Leitung war 1896 von Garmisch herauf mühsam verlegt und seither mehrfach ausgebessert und dem neuesten Stand telegraphischer Technik angepasst worden.

Die kleine Expedition war am Tag zuvor in Partenkirchen aufgebrochen. Angeführt vom alten Dengg, der jede Spitze und jede Falte seines Gebirges kannte, und der deshalb keine Kraxe zu schultern und kein Muli zu treiben hatte. Seine Aufgabe bestand darin, vorneweg zu gehen und auf die nicht unerheblichen Gefahren des Gebirges zu achten. Er hatte als Führer einen guten Ruf, bärbeißig, aber zuverlässig. Mürrisch, aber erfahren und dazu ausgestattet mit einem Riecher für den richtigen Weg.

»Mir sind spät dran«, murrte er. »Oktober ist spät fürs Naufgehen zum Zugspitz.«

Dengg fürchtete einen Wetterumschwung, gar einen plötzlichen Wintereinbruch.

Aber der Meteorologe hatte ihn nachsichtig lächelnd beruhigt. Er war nicht nur ein Mann der Wissenschaften, er war, trotz seiner Jugend, gesegnet mit besten Instinkten, zumindest was das Wetter betraf.

»Wenn Schnee käme«, hatte er zum alten Dengg gesagt, »dann würde ich es beim Pissen spüren. Und zwar eine Woche im Voraus.«

Die Maultiere waren mit all dem beladen worden, was Straub in den kommenden Monaten in seiner völligen Abgeschiedenheit benötigen würde. Lebensmittel, Kleidung, Wäsche, Hygieneartikel. Ein zweites Paar Bergstiefel (das andere trug er an den Füßen), Stulpenstiefel, Hauspantoffel und ganz normale Haferlschuhe. Medizin, Schnaps, Pfeifentabak. Schreibzeug für seine persönlichen Aufzeichnungen. Bücher zu Studienzwecken und Bücher zur Unterhaltung. Außerdem den Jahrgang 05 der Deutschen Alpenzeitung, weil er noch viele Beiträge lesen wollte, zu deren Lektüre ihm immer die Zeit gefehlt hatte. Nicht zu vergessen das Grammophon, das ihm seine Mutter gekauft und ihm bei der Abreise, gleichsam als Überraschung, gut verpackt unter den Arm geklemmt hatte. »Auf die Scheiben musst du besonders aufpassen, mein Junge«, hatte sie gesagt. »Die brechen ja so leicht.«

Zuerst war ihm dieses liebevolle Geschenk gar nicht genehm gewesen. So viele Umstände, Unkosten. Wegen ihm! Und transportiert werden musste das ja auch. Ob das wohl gut ginge! Doch dann hatte er begonnen, sich allmählich anzufreunden mit dem Gedanken, dort droben, im Alleinsein, jederzeit Musik genießen zu können.

Arien von Caruso. Den Chor aus Nabucco. Wiener Walzer. Märsche. Und Klaviermusik von einem gewissen Scott Joplin. »Ist auch was für junge Leute dabei«, hatte seine Mutter gesagt.

Dort droben könnte er zu jeder Tages- und Nachtzeit Musik hören, hatte er überlegt. Laut, wenn er wollte. Musste auf niemanden Rücksicht nehmen. Ja, sogar tanzen konnte er, wenn ihm der Sinn danach stand. In Bergstiefeln und langen Unterhosen, wenn es ihm so gefiel.

Straub musste lächeln bei dieser Vorstellung.

Die Träger und Treiber waren junge kräftige Männer. Sie waren es gewohnt, im Wald und auf den Höfen zu arbeiten. Sie waren stark und genügsam, ausdauernd und wortkarg. Die Tour auf die Zugspitze war für sie Zubrot. Während der Sommermonate versorgten sie mit ihren Mulis die Hütten im Reinthal und auf dem Gipfel. Und nun, seit 1900 der erste Meteorologe auf der Zugspitze Quartier genommen hatte, auch noch das Observatorium. Ihre Gesichter waren vom Wetter gegerbt, einer hatte rote Wangen wie ein kleines Kind. Die anderen trugen wolkige Bärte und ihre Hände waren groß und schmutzig.

Wahrscheinlich waren auch ihre Gedanken schmutzig.

Straub dachte an den Abschied am Vortag, als Elisabeth, seine Verlobte, und ihr Vater am Ende des Ortes umgekehrt waren, immer wieder sich umschauend nach ihm und seiner Truppe, immer noch einmal winkend, dann aber feste ausschreitend, um den Ein-Uhr-Zug nach München noch zu erreichen. Er dachte an den Moment, da sein Schwiegervater in spe, der Amtsgerichtsrat Hofbauer, ihn an beiden Schultern gepackt und ihn für einen kurzen Moment an sich gezogen hatte. In seinem Blick lag Anerkennung, lag Respekt, lag Vertrauen und auch die Zusicherung, dass er ihm, nach seiner Rückkehr vom hohen Berg, die Tochter überlassen würde. Und der Amtsgerichtsrat hatte es sodann gestattet, dass seine Tochter ihren Versprochenen zart auf die Wangen küsste, errötend dabei, weil die derben Mulitreiber ungeniert zusahen und zu grinsen anfingen und zwischen den buschigen Bärten ihre Zähne zeigten.

Elisabeth hatte ihm mit dem Daumen ein Kreuzzeichen auf die Stirn gemalt, und wahrscheinlich hatten sich die Kerle derweil vorgestellt, wie sie wohl nackt aussehen würde. Was die natürlich einen Dreck anging. Wusste er es doch selbst nicht, und er kannte sie jetzt immerhin schon fast zwei Jahre. Aber alle Zusammentreffen hatten im Beisein des Amtsgerichtsrates oder seiner Gemahlin stattgefunden, und es hatte immer nur wenige Minuten der ungestörten Zweisamkeit gegeben, gerade lang genug, um ihr mit der Zunge die Lippen auseinander zu schieben oder einige flüchtige Augenblicke lang den von mehreren Lagen der Bekleidung bedeckten Busen zu betasten oder auch, was sehr selten vorkam, ihre prüfende Hand ein paar Sekunden zwischen seinen Beinen zu spüren. Elisabeth würde keinen Grund haben, unzufrieden zu sein, da war er sich gewiss.

Unterm Kochelberg, dort wo die Partnach das flache, mit unzähligen Heustadeln bestückte Wiesen- und Weideland erreichte, waren sie aufgebrochen. Am Bach entlang, der jetzt, anders als zur Zeit frühsommerlicher Schneeschmelze, fast schon gemächlich daherkam.

Bald war es steil hinaufgegangen. Unter sich hörten sie das Wasser in der engen Klamm tosen, über ihnen wurden allmählich die Berge frei. Schon bei der stillen Partnachalm und dann auf dem Weiterweg zur Einöde des Reinthaler Hofs hatten sie unverstellte Ausblicke gehabt auf den Höhenzug des Wettersteinkammes und zu den Dreithorspitzen, die sich markant über dem Schachen erhoben.

Da drüben war ich auch schon, hatte er sich erinnert. Beim Königshaus, vor Jahren.

Er war nämlich schon einige Male in diesem Gebirge unterwegs gewesen, alleine oder mit Kommilitonen, war auf den Wank gestiegen und hinauf zum »Bauern am Eck«, er war zum Schachen gewandert und hatte von dort ins lange Reinthal hinuntergesehen. Ja, selbst die Zugspitze hatte er sich schon erobert, und zwar von Norden her, auf dem kühnen und abenteuerlichen Weg durch das Höllenthal. Damals noch nicht ahnend, dass der Gipfel einmal für längere Zeit seine Heimstatt werden würde.

Auch anderswo war er bergsteigerisch herumgezogen, im Karwendel zum Beispiel, in den Berchtesgadenern und im Allgäu. Aber kein anderes Gebirge hatte ihn je so zu faszinieren vermocht wie eben jener Wetterstein, dieses wuchtige Massiv zwischen Mittenwald im Osten und Ehrwald im Westen, zwischen Telfs im Süden und Garmisch und Partenkirchen im Norden. Der Anblick, der sich vor ihm aufgetan hatte, wann immer er mit der Bahn von München her angereist kam, war für ihn einfach unvergleichlich. Die elegante Pyramide der Alpspitze, der aufstrebende Grat über die Höllenthalspitzen zur Zugspitze und die vorgelagerten Wehrtürme der Waxensteine. Wer das zu sehen bekam und ein kräftiger Kerl war, der konnte doch gar nicht anders, als da hinaufzuwollen, ganz hinauf bis dorthin, wo die Gipfelfelsen den kalten blauen Himmel berührten.

Weil Straub seinen Gedanken und Erinnerungen so sehr nachgehangen hatte – vielleicht lag es aber auch an dem schwerfälligen Trott, den die üppig beladenen Maultiere der Gruppe als Marschgeschwindigkeit vorgaben –, bemerkte er zunächst gar nicht, dass sie wieder an die Ufer der Partnach gekommen waren. Ihr Weg, recht ordentlich angelegt und normalerweise mit nicht allzu viel Beschwer zu begehen, hatte fortan immer tiefer talein geführt: zur Linken der Bach, zur Rechten dichter Mischwald, der sich bis an ihren Steig herandrängte.

»Nächst's Jahr wird man den Weg ausholzen müssen«, hatte der Führer Dengg gesagt. Und die Maultiertreiber hatten genickt.

»Drecksarbeit«, hatte einer gemault.

Immer wieder klatschten den Männern die Äste von Büschen ins Gesicht, und bisweilen erforderte es einige Mühen, einen im letzten Herbststurm entwurzelten Baum zu umgehen oder zu übersteigen. Das Schlimmste aber war nicht der Zustand des Weges. Das Schlimmste waren die Mücken, die sich in dieser noch so talniedrigen Region entlang des Wildbaches und seiner Zuflüsse versammelt hatten und ausgehungert und gierig auf die wenigen Menschen warteten, die in diesem Jahr noch zur Angerhütte oder zur Knorrhütte gingen beziehungsweise von diesen weltentlegenen Häusern herunterkamen. Überall schienen diese Biester zu lauern, um in surrenden Attacken die nackten Stellen an den Körpern der Männer anzugreifen.

Ständig war das Klatschen zu hören gewesen, wenn sich wieder einer mit der flachen Hand in den Nacken, auf die Stirn oder die Wange schlug. Meist freilich war es vergeblich.

Aber der Anstieg war nicht nur mühsam. Er bot immer wieder auch berückende Momente. So beispielsweise beim moosbedeckten Quellenboden der »Sieben Sprünge«, wo auf einer Tafel ein Gedicht zu Verweil und Besinnung mahnte: »Halte Rast, Du fröhlicher Geselle, der Du dem höchsten Ziele strebest zu! Es lädt der Felsen, es lädt die Quelle, Dich ein zu süßer, träumerischer Ruh ...«

Was freilich außer Straub keinen aus der Gruppe interessierte. Achtlos zogen sie weiter, gar nicht bemerkend, dass ihnen der Meteorologe kurzzeitig abhanden gekommen und dann wieder mit großen Schritten nachgehastet war.

»Ist von einem Stadterer, das Versl«, wusste Dengg immerhin zu sagen. »Das Taferl steht schon ein paar Jahr' dort. War einfach auf einmal da.«

Ein anderer Höhepunkt des Marsches war das Erreichen der Blauen Gumpe bald nach dem lyrischen Intermezzo an den Quellen. Hier staute sich die junge Partnach zu einem kleinen See, der je nach Lichteinfall seine Farbe von tiefem Blaugrün bis zu leuchtendem Azur veränderte. Ein Wasser wie aus den Märchen der Kindheit.

Vielleicht würde ein Bad darin Unsterblichkeit oder zumindest Unverwundbarkeit verleihen – wenn es nicht gar so kalt wäre. Vielleicht waren die Fische verzauberte Sünder und die Frösche, die nah dem Ufer quakten, verwunschene Prinzen. Vielleicht kam des nachts das wundersame Einhorn hierher, um mit diesem kostbaren Nass seinen Durst zu löschen.

Unsinn, dachte Straub, der alles in allem ein mehr technischer denn romantischer Mensch war. Und doch hätte er hier gerne bleiben wollen, eine halbe Stunde wenigstens, lieber noch mehr. Die Blau- und Grüntöne der Gumpe, die Gelb-, Braun- und Rosttöne der Laubbäume ringsumher – von dieser Stelle ging ein Zauber aus, der einen träumen machte, der einen nicht mehr weiterziehen lassen wollte.

Aber Dengg drängte zur Eile. Der Weg war immer noch weit. Und um diese Jahreszeit waren die Tage kürzer, als ihnen jetzt lieb sein konnte.

Als sie die kleine Hütte am Reinthalanger erreicht hatten, waren schon erste Sterne am dämmernden Himmel gestanden und es war empfindlich kalt geworden. Dass Dengg zwei junge Burschen vorausgeschickt hatte, beide gewiss nicht älter als fünfzehn Jahre, stand nun als Beweis für seine Umsicht und Führerqualität. Der Ofen in den Stube war geheizt und verströmte wohlige Wärme. Das Mus aus Milch, Butter, Mehl, Käse und kleingehacktem Brot, das bald schon in der großen Pfanne garte, machte die Bäuche voll. Und die Flasche mit klarem Schnaps, die anschließend von Mund zu Mund ging – nur die beiden Buben, die sich mittlerweile auch um die Tiere gekümmert, sie trocken gerieben und ihnen zu Fressen gegeben hatten, bekamen nichts davon ab – sorgte dafür, dass die Müdigkeit schneller einsetzte, als der Mond über dem gewaltigen Hochwanner aufsteigen konnte. Bald lagen sie alle dicht an dicht im engen Lager, ruhten auf strohgefülltem Bettzeug und unter kratzigen Decken. Bald schnarchten die Treiber und Träger, und bald auch der alte Dengg. Nur Straub hatte sich unruhig hin und her geworfen, müde vom langen Anstieg, müde vom Alkohol, aber schlaflos im Lärm des Schnarchens und im bangen Vorgefühl, was ihn von nun an erwarten würde. Erst gegen Morgen war er in einen traumreichen Schlaf gefallen, hatte das ganze Tal in silbernen Tönen gesehen und dazu das Einhorn, weiß, wie es stolz und scheu zugleich zwischen silbern glänzenden Farnwedeln und Millionen von nachtnassen Schachtelhalmen einherschritt.

So begann er denn auch seinen Tag mit schweren Lidern und mit Gänsehaut unter der so warmen Joppe. Eigentlich hatte er sich waschen wollen am kalten Gebirgsbach, der in nur ein paar Fuß Entfernung an der leicht erhöht stehenden Angerhütte vorbeirauschte. Aber als er den Atem der Männer in kleinen Wölkchen aufsteigen sah, als er sah, dass die Leiber der Maultiere in der morgendlichen Kälte zu dampfen schienen, verkniff er sich diesen Vorsatz. Keiner wusch sich, warum hätte er es tun sollen.

Er ging als Letzter der Gruppe, die dem Pfad durch ein schier endlos breites, steiniges, trockenes Bachbett folgte. In einer langen Linie wand sich der Tross Richtung Talschluss, wo es dann gelten würde, einen steilen Aufschwung hinauf zur Knorrhütte zu meistern.

Zwei der Maultiere waren mit Briketts beladen, um auf der Station die Vorräte an Heizmaterial aufzustocken. Einer der Männer trug auf seiner

Kraxe eine mit Leinen überdeckte Vogelvoliere. Zwei Zierfinken wurden durch das Tuch gegen Kälte und Zugluft geschützt, aber auch vor allzu großen Aufregungen, die eine solche Bergtour für sie bringen würde und die ihre winzig kleinen Herzen vielleicht nicht auszuhalten vermochten.

Es war der Wunsch seines Vorgesetzten gewesen, die Vögel mitzunehmen. Das sei gut gegen die Einsamkeit, hatte er gemeint. »Beobachten Sie die Tiere«, hatte er gesagt. »Achten Sie auf ihr Verhalten, wenn starke Wetterwechsel bevorstehen. Ich bin mir ganz sicher, Straub, dass selbst diese gezüchteten Ziervögel noch über hinreichend Instinkt verfügen und wir noch was lernen können von ihnen ...«

Der Aufstieg zur Knorrhütte war mühsam. In steilen Serpentinen wand sich der Steig zwischen hingeduckten Krüppelkiefern und ausgewaschenem Kalkgestein empor. Die Maultiere gingen in stoischer Gelassenheit, wiegten dabei ihre Lasten hin und her, schienen vor der zunehmenden Tiefe keinerlei Angst zu haben.

Die Männer wischten sich mit ihren schmutzigen Sacktüchern immer wieder die Stirn. Trotz der Frische des Spätherbstes war der steile Aufstieg dazu angetan, ihnen den Schweiß aus den Poren zu treiben.

Bei einer kurzen Rast im Stehen nutzte Straub die Gelegenheit, zurückzublicken.

Der Reinthalanger lag weit unter ihnen, winzig die Hütte, in der sie die Nacht verbracht hatten. Gewaltige Felsberge standen dem Tal Spalier. Still und einsam lag es da, keine Menschenseele war unterwegs. Außer ihnen natürlich.

Sie waren viele Stunden in dieses Tal hineinmarschiert, hatten die Zivilisation völlig hinter sich gelassen. Von Garmisch und von Partenkirchen war kein Hausdach und kein Kirchturm mehr zu sehen. Sie befanden sich inmitten einer hochalpinen Wildnis. Mochten auch im Sommer hier die Bergsteiger unterwegs sein, auf den Steigen hinauf zur Zugspitze die meisten, die Verwegeneren von ihnen aber auch in den felsigen Wänden und oben auf den schmalen Graten, so herrschte nun, so kurz vor dem unvermeidlich bevorstehenden Wintereinbruch, vor allem das Gefühl völliger Weltabgeschiedenheit.

Alles war leer jetzt. Die Berghütten unbewirtet und ohne Besucher. Die Wände und die Grate vereinsamt. Die Schluchten und Täler bereit zum Winterschlaf. Wie schon in der Nacht, überkam ihn jetzt die Furcht vor der langen Zeit, die vor ihm lag.

Ludwig hat das gemocht, dachte Straub. Ihn scheint dieses Alleineinsein erfreut zu haben. Fort von der Stadt, fort von der Politik, fort von den Regierungsgeschäften.

Irgendwo, da draußen im Norden, rechterhand auf einer Anhöhe, musste ja das Königshaus stehen. Ein hoher Thron über dem Reinthal. Fürstlich und spartanisch zugleich.

Es waren schöne Tage, an die Straub sich gern erinnerte. Im Frühsommer vor drei Jahren. Oder waren es vier? Jedenfalls ausgesprochen schöne Tage.

Er musste sich losreißen, musste an etwas anderes denken. Das Gefühl der Verlorenheit, das in ihm wie eine böse Kälte aufstieg, musste er verscheuchen.

Doppelt energisch schritt er nun aus, gab einem Muli im Vorbeigehen einen Klaps, versuchte bei der Rast an der winterfest gemachten Knorrhütte mit den wortkargen Männern wenigstens ein bisschen ins Gespräch zu kommen, und ließ sich dann auch von der Wüste aus Geröll, Sand, Stein und Schnee, über die ihr Weiterweg führte, nicht mehr ins Bockshorn jagen.

Er hatte seine Entscheidung getroffen, gegen so manchen Rat wohlmeinender Freunde. Er hatte sich entschieden, wie ein dem Schweigegelübde verpflichteter Mönch für Monate allein und in Abgeschiedenheit zu leben.

Jetzt war es so weit. Auch wenn er noch in Begleitung von Dengg und den anderen Männern war, so handelte es sich doch nur mehr um knappe zwei Tage, ehe er ganz auf sich gestellt sein würde.

Ich bin bereit, dachte er. Und wie zur Bekräftigung sagte er es sich auch noch leise vor: »Ich bin bereit!«

2

Bei Frau von Berneis, Witwe des ehemals im ganzen Reich bekannten und angesehenen Großkaufmannes Fritz von Berneis – Hauptsitz in Dresden, Dependancen in Hamburg, Prag und Wien – begann wieder jene Unruhe, die in gewisser Regelmäßigkeit von ihr Besitz ergriff.

Nicht etwa, dass sie ansonsten als ruhig oder gar besonders ausgeglichen zu bezeichnen gewesen wäre. Weit gefehlt! Sie hatte das Temperament ihrer argentinischen Mutter geerbt – und dazu die Sturheit ihres Vaters, der beharrlich, verbissen und rücksichtslos gegen andere wie gegen sich selbst eine kleine Reederei in Warnemünde zu einigem Erfolg gebracht hatte.

Als ihr Gemahl starb – vor nunmehr fast sieben Jahren – da war sie gerade erst fünfunddreißig. Er hinterließ ihr ein enormes Vermögen, eine herrschaftliche Villa samt Personal an den Elbwiesen östlich der Stadt Dresden und, wie es schien, jede Menge Langeweile. Die Ehe war ja kinderlos geblieben. Die Ärzte hatten nie herausfinden können, woran es lag. Ob sie unfruchtbar war? Ob er mit seinen mehr als sechzig Jahren nicht mehr zeugungsfähig war? Aber, ich bitte Sie, Herr von Berneis, Sie sind doch in den allerbesten Jahren. Vielleicht, so vermutete einer der zu Rate gezogenen Spezialisten, vertrugen sich einfach ihre Säfte nicht wie es erforderlich wäre, um das harrende Ei zu befruchten.

Die Firma war an den Bruder gegangen, und das war ihr nur Recht gewesen. Sie wollte mit alldem auch gar nichts zu tun haben. Aber, was wollte sie tun?

Es war ihr unruhiges Gemüt, das ihr die Entscheidung, fortan einen ganz erheblichen Teil des Jahres auf Reisen zu verbringen, leicht machte. So besah sie sich die großen Städte Spaniens, war in Madrid und Barcelona, in Malaga und Sevilla. Sie verbrachte Wochen in Rom, in der Toskana und, von der Spiritualität des Ortes tief beeindruckt, am Fuße des umbrischen Monte Subasio, wo der heilige Franz von Assisi gewirkt hatte. Sie fuhr mit dem Schiff auf dem Rhein von der Schweiz bis nach Holland, ohne je das Verlangen zu haben, irgendwo zu bleiben. Am ehesten noch stellte sich dieses Empfinden ein, wenn sie in den Bergen war, tief im südlichsten Bayern, im sogenannten Werdenfelser Land.

Noch zu Lebzeiten ihres Mannes war es üblich, einmal im Jahr nach Partenkirchen zu reisen und dort, in der heimeligen Villa Alpenblick, zwei oder drei Wochen zur Sommerfrische zu residieren.

Oh, es gab mondäne Hotels in Partenkirchen und im Nachbarort Garmisch. Es gab Kurhäuser und Residenzen. Aber ihr Gemahl bevorzugte zumindest während dieses Erholungsaufenthaltes einen etwas reduzierten Komfort, ein etwas weniger öffentliches Leben. Zu gut Deutsch: Er wollte seine Ruhe haben. Was er so ähnlich gern auch zum Ausdruck brachte: »Weißt du, meine Liebe«, pflegte er zu sagen, »ich bin so froh, endlich mal meinen Frieden zu haben.«

Auch nach seinem überraschenden Tod hatte Frau von Berneis – Lidia, wie sie mit vollem Namen hieß, oder, noch genauer gesagt: Lidia Anna Mercedes – die Tradition der Alpenreise an den Fuß des wuchtigen Zugspitzmassivs fortgesetzt. Sie mochte diese Berge, denn sie waren wie der geahnte Hauch einer Erinnerung an die argentinischen Anden und, vielleicht mehr noch, an die Felstürme des patagonischen Hochlandes, das sie, als Kind noch, bei einer weiten Reise mit Eltern und Hauspersonal zu sehen bekommen hatte.

Als ihr Gemahl noch lebte, hatten sie sich manchmal einen heimischen Bergführer engagiert und waren in das Wettersteingebirge vorgedrungen. Nicht auf die kühnen Gipfel! Das wäre Herrn von Berneis nun doch zuviel gewesen. Zu mühsam und letztlich auch zu gefährlich. Sie, die junge Gemahlin, wäre freilich schon gerne so wo hinauf, um alles einmal von oben zu sehen.

Aber es hatte nicht sollen sein. Der Führer hatte sie zum Schachen geführt, durch die Höllenthalklamm zur Hütte und aus dem Höllenthal heraus übers Kreuzeck, einmal auch durch die Partnachklamm und über den »Bauern am Eck« und das Bergbauernnest Wamberg wieder hinab nach Partenkirchen. Alles schön, alles faszinierend – aber das besondere Prickeln, diese Momente der Spannung fehlten doch fast völlig.

Seit sie allein hierher kam, hatte sie sich keinen Bergführer mehr genommen. Sie erachtete es als unschicklich. Und außerdem hätte sie sich nicht wohlgefühlt in der alleinigen Begleitung eines solch grobschlächtigen Menschen. Sie hatte kleinere touristische Ausflüge auf eigene Faust unternommen, war vor allem dort wieder entlanggewandert, wo sie mit Mann und Führer vor Jahren schon gewesen war, hatte zudem den unschwierigen Wank bestiegen, um von dort eine wirklich unvergleichlich schöne Aussicht zu genießen, und war sogar bis Mittenwald marschiert, ganz allein mit sich, der Sonne, dem Wind, den Düften des Waldes und ihren Träumen, die Welt ganz tief begreifen zu können.

An ruhigeren Tagen wie dem heutigen genoss sie das Frühstück in der Villa. Durch die Fensterscheiben wärmte selbst die Herbstsonne noch sehr angenehm. Und Lidia von Berneis gab sich der Muße hin, im Loisachboten nicht nur Neues aus aller Welt zu lesen, sondern auch »Vermischtes« aus dem Leben und der Gesellschaft in der Provinz.

Danach rüstete sie sich für einen ausgiebigen Spaziergang. Wie so oft, ganz ohne eigentliches Ziel. Sie schlenderte durch die Ludwigstraße mit den Geschäften und den paar Wirtshäusern zur Rechten und zur Linken, blieb, wie jedes Mal, vor den Auslagen der Buchdruckerei Ostler & Bierprigl stehen, und bog bei der Pfarrkirche in die Ballengasse ein. Sie staunte über die grindigen Bauernhäuser mitten im Ort, über die Kargheit des Lebens, das man den Kindern hier ansehen konnte: Barfuß stapften sie durch Matsch und Kuhdreck, aus ihren Hosen waren sie herausgewachsen, die Jacken saßen zu knapp, und dass ihnen der Rotz aus der Nase hing und allmählich in den Mund lief, das schien niemanden zu kümmern.

Sie spazierte auf St. Anton zu, ließ das hoch gelegene Wallfahrtskirchlein dann aber sein, machte mehr oder weniger eine Spitzkehre und nahm den gar nicht so kurzen Weg nach dem Nachbarort Garmisch.

Wie ein Magnet schien der Bahnhof auf sie zu wirken. Er zog ihre Schritte an, sodass sie Partenkirchen verließ und durch abgemähte Wiesen hinüberwanderte, um wenigstens eine Viertelstunde lang den einfahrenden und viel mehr noch den abfahrenden Zügen zuzusehen.

War es Fernweh? Oder lag es einfach nur daran, dass sie den Dampf, den Rauch und den Ruß der Lokomotiven so liebte?

Fernweh allein konnte es gar nicht sein. Schließlich fuhren die Züge von Garmisch aus nicht gerade in die große ferne Welt. Hier hielt kein Orient-Express. Nach Murnau fuhren sie. Und nach München.

Und doch: Sie ertappte sich immer wieder dabei, lustvoller auszuschreiten, je näher sie dem Bahnhofe kam. Sie mochte es, die Fahrpläne zu studieren. Und es machte ihr Freude, jene Menschen zu beobachten, die oft mit viel Gepäck aus den Abteilen stiegen und sich in der neuen Umgebung erst einmal mit gewisser Hilflosigkeit umsahen. Gern besah sie sich die Frauen, ihre üppigen Kleider, ihren Kopfputz und ihre Besorgnis, sich beim Verlassen eines Waggons irgendwo schmutzig zu machen.

Natürlich hatte sie auch ein heimliches Auge für die Männer, die mit den Zügen ankamen oder abreisten. Die strammen und stolzen und dabei doch in ihrer Eitelkeit unerträglichen Herren Offiziere zum Beispiel. Die Sommerfrischler aus den flachen Regionen des Landes, von denen sich manche den Aufenthalt im Gebirge von der Suppe abgespart hatten. Hin und wieder auch Herren von Stand. Bisweilen erschienen ihr gerade die unfreiwillig komisch. Kaum einer aber entlockte ihr ein zweites Hinsehen, gar den Gedanken, wie so ein Herr wohl ohne sein teures Gewand, ohne die zünftige Lodenhose, ohne das Jägerjackett und ohne den Hut samt prächtiger, steil aufgerichteter Feder aussehen würde.

Gern sah sie die Bergsteiger, die mit ihren nägelbeschlagenen Schuhen über den Perron klackerten, pralle Leinenrucksäcke und derbe Hanfseile über den Schultern. Ihre Gesichter und ihre ganzen Erscheinungen legten Zeugnis davon ab, dass diese Welt voller Abenteuer war – man musste nur aufbrechen, hinaus und hinauf.

Und ganz besonders gern beobachtete sie die Kinder. Wenn sie voller Begeisterung ankamen oder wenn sie beim Losfahren die Gesichter gegen die Scheiben drückten und irgendjemandem winkten. Ja, dachte sie dann, für die Kinder ist alles noch Abenteuer.

Und dann war sie immer ein wenig traurig, dass ihre Ehe kinderlos geblieben war.

Ein Kind wenn ich hätte, dachte sie. Aber sie führte diesen Gedanken nie bis zu einem Ende. Nur einfach: Ein Kind wenn ich hätte ...

Auch heute nicht.

In melancholischer Stimmung spazierte sie weiter. Die mondänen Quartiere, die in Garmisch entstanden waren, interessierten sie nicht. Das alles hatte sie andernorts bis zum Überdruss genossen. Sie schaute zu den Bergen, die heute nicht ganz klar vor einem milchig bedeckten Himmel standen. Selbst auf den höchsten Gipfeln lag noch kaum Schnee. Die Zugspitze war von Norden her weiß angezuckert, da hatte beim letzten Unwetter Schnee die Felsen verpappt. Aber mehr war es noch nicht. Sie hatte die Berge schon mal im August winterlicher gesehen als nun im vorgerückten Herbst.

Sie musste daran denken, wie am Tag zuvor der Wetterwart verabschiedet worden war. Ein ganz fescher junger Mann. Die Blasmusik hatte gespielt. Der Bürgermeister von Partenkirchen hatte gesprochen und ein Herr von der Meteorologischen Zentralstation München. Die Reden waren langweilig. Aber die Musik war schmissig. Und wenigstens war überhaupt etwas los.

Als der Tross losgezogen war, der Wetterwart, der Bergführer, die Träger und ihre Maultiere, da hatte sie die Männer beneidet um den Aufstieg zur Zugspitze. Ja, da wäre sie am liebsten mit. Wie sie überhaupt nur zu gerne einmal auf die Zugspitze, die höchste Erhebung des ganzen Reiches, hinaufgestiegen wäre. Einmal das Land von ganz oben sehen, wo nichts Höheres mehr ist.

»Wer weiß«, hatte Karl Schaffler, ihr Hauswirt, am Morgen gesagt, »wie lange der Winter noch hinterm Berg hält. Der Himmel ... ich weiß net ... er macht mir den Eindruck, als wenn der Herbst jetzt bald vorbei wäre.«

Am frühen Nachmittag trank sie ein Kännchen Tee. Sie konnte dabei windgeschützt auf der Veranda sitzen, wo auch einige andere Gäste der Villa Alpenblick die Sonne des späten Jahres auskosteten.

Der Blick war herrlich: Das ganze Massiv lag als malerisch ausgebreitetes Gebirgspanorama vis-à-vis: Die formschöne Alpspitze, die hohe Zugspitze, ein markanter, geradezu Ehrfurcht gebietender Anblick.

»Darf man fragen, gnä Frau, was Sie heut noch vorhaben?«, fragte die immer neugierige, dabei aber gründlich verschwiegene Frau Schaffler.

Lidia von Berneis hatte gar nichts gegen eine kleine Konversation mit den Hausleuten. Schließlich kannte man sich seit etlichen Jahren. Hierher zu kommen war für sie – und für die Schafflers auch – immer mit einer ehrlichen Wiedersehensfreude verbunden.

»Ich werde mir nun endlich mal diese Villa Orient ansehen«, gab Lidia lächelnd zurück. »Seit Jahren weiß ich davon, hab oft davon reden gehört. Und jetzt, am Bahnhof, da hing sogar ein Plakat.«

»Aber was G'scheites ist das nicht«, sagte die Frau Schaffler. »Man hört nicht nur Gutes über den Mann, wenn Sie wissen, was ich meine.«

»Aber das macht doch nichts«, sagte Lidia mit einem breiten Lächeln. »Es geht ja gar nicht darum, das wirklich ernst zu nehmen. Aber es mag doch immerhin ein wenig unterhaltsam sein. Glauben Sie nicht, liebe Frau Schaffler?«

»Ich weiß net«, sagte die Hauswirtin. »Ich weiß net. Mir wär's schad ums Geld. Er verlangt ja doch fünfzig Pfennig Eintritt dafür ...«

»Aber Sie wissen doch: Wer sich nichts gönnt ...«

Aus ihrer kleinen, in Brokatarbeit gefertigten Handtasche zog Lidia eine Postkarte. Vorne drauf war eine Abbildung der Villa Orient zu sehen. Auf der Rückseite pries ein Text die wahrhaft wundersamen Sehenswürdigkeiten und empfahl den Besuch dieses privaten Museums ganz nachdrücklich:

»Sehr reichhaltige Sammlung fremdländischer Gegenstände, Kostüme verschiedener Nationen, sehr wertvolle Waffensammlung. Seidenstickereien, Musikinstrumente. Geweihe, Holzschnitzereien. Perlmutteinlagen. Muschelarbeiten. Indische Götzen und Götzentempel. Großartige Käfer- und Schmetterlingssammlung. Mehrere hundert ausgestopfte und präparierte fremdländische Tiere. Reptilien in Spiritus. Völkergalerie (zwanzig verschiedene Menschenrassen in Wachs). Mumien. Lebende Leoparden, lebende Schlangen, lebende Affen. Jeder Besucher wird überrascht sein ...«

Sie steckte die Karte wieder weg und sagte: »Ich schau mir das an.«

Und so schlenderte sie dann am Nachmittag unter rost- und gelbfarbenen Bäumen ins sogenannte Hasenthal und zur schon von weitem überaus ungewöhnlich wirkenden Villa Orient. Dabei wäre diese Anmutung mit orientalisch gar nicht so richtig beschrieben gewesen. Eine Skurrilität war es, ja, genau. Eine Mischung aus kindlicher Märchenwelt und exotischem Sammelsurium. Ein maurischer Turm, angelehnt an eine umgebaute Partenkircher Villa. Ein orientalischer Torbogen, so bunt bemalt wie Teile der Hausfassade. Palmen im Park, die dem hier doch oft rauen Klima zu trotzen schienen. Und all das inmitten einer voralpinen Umgebung, wo auf freiem Hang verstreut noble Anwesen thronten. Musste schon ein sonderbarer Kauz sein, der Mann, der das alles geschaffen hatte.

Lidia hatte durchaus ein Faible für die Sonderlinge und für die kleinen Absonderlichkeiten im Leben. Es mochte von ihrer Herkunft herrühren, dass sie dem nur geordneten, oft tristen und oft grauen Deutschsein nicht immer viel abgewinnen konnte. Sie mochte das Bunte lieber, jede verspielte Farbenpracht erinnerte sie auch an die Papageienvögel ihrer Kindheit, die den Patio ihres argentinischen Elternhauses in eine gitterlose Voliere verwandelt hatten.

Im Sächsischen, wo sie nun ihren Stammsitz hatte, gab es solche Sonderlinge zuhauf. Allen voran jener in Mode gekommene Schriftsteller Karl May, um den sich manch ein Skandal rankte. In Radebeul bei Dresden hatte er mit großen glänzenden Lettern den Schriftzug »Villa Shatterhand« an der Fassade seines Anwesens anbringen lassen. Angeblich soll er in seinem Arbeitszimmer wie ein amerikanischer Fallensteller herumlaufen, manchmal auch wie ein arabischer Nomade. Angeblich will er all die

Abenteuer, die in seinen zahllosen Büchern niedergeschrieben sind, höchstpersönlich und genau so erlebt haben. Angeblich aber soll er ein Stubenhocker sein, vorbestraft zudem, aber ausgestattet mit einer überbordenden Phantasie und ganz gehörigem Fleiß.

Ein alles in allem harmloser Spinner, der mit seinen Kopfgeburten die Jugend – und nicht nur die – zu begeistern wusste. Sie selbst hatte drei oder vier seiner Werke gelesen oder zumindest angefangen: »Durch die Wüste« und »Der Schatz im Silbersee« – diese beiden hatten sie zu fesseln vermocht. Aber ein anderes, in dem es um die Kordilleren ging, war ihr dann doch mehr als abstrus erschienen und sie hatte es nach kaum hundert Seiten weggelegt.

Aber sei's drum.

Sie entrichtete an der Villa Orient den Eintrittspreis von fünfzig Pfennig und schmunzelte über die protzige Werbetafel, die das nun Folgende als »Erste Sehenswürdigkeit Partenkirchens« anpries. Sie brauchte sich nur umzudrehen und zu den Bergen zu schauen: Da waren die ersten Sehenswürdigkeiten von Partenkirchen und von Garmisch. Majestätisch, gewaltig, fast dreitausend Meter hoch. Dagegen wäre diese Tier- und Monströsitätenschau gewiss nichts anderes als eine kleine Volksbelustigung irgendwo auf einem Rummelplatz ...

Ganz so war es dann aber nicht. Der Park war mühevoll angelegt, und bestimmt herrschte hier in den heißen Monaten Juli und August eine üppige Blüte. Denn es gab hier Rankgewächse und Stauden, Büsche und Bäume aus aller Herren Länder. Und es war schon ein Wunder, dass die sich hier, in fast neunhundert Metern über dem Meer, überhaupt halten konnten, dass ihnen der Schnee, der in den Wintern überaus reichlich fiel, nichts anzuhaben vermochte.

Beeindruckt war sie von den Leoparden. Noch nie war sie diesen Tieren so nahe gekommen wie hier an dem Gehege, das allerdings dem Bedürfnis dieser Wildtiere nach Auslauf und nach Bewegung nicht entsprach. Eingepfercht war das Paar. Eingesperrt auf engem Raum. Eines der Tiere schlief, seitwärts hingestreckt. Das andere saß aufrecht und fixierte sie, die im Augenblick einzige Besucherin in der orientalischen Villa. Wunderbar war die Zeichnung des Fells. Rötlichgelb die Grundfärbung, tiefschwarz die unendlich vielen Flecken, die darin verstreut waren. Die Augen, mit denen der Leopard sie ansah, schienen zu leuchten. Sie erinnerte sich an ein Buch, das alle Tiere des Erdkreises behandelte, und worin so oder ähnlich geschrieben stand: »Der Leopard mordet alle Geschöpfe, welche er bewältigen kann, ob groß oder klein, ob sie in der Lage sind, sich zu wehren oder ob sie ihm widerstandslos zum Opfer werden …«

Es hatte etwas Beunruhigendes, von diesem Raubtier durchdrungen zu werden, als wäre sie ein Opfertier. Und doch war es vor allem Mitgefühl, das Lidia für diese eingesperrten Wesen aufbrachte. Sie wandte sich ab und ging davon und versuchte, diese Begegnung rasch zu vergessen.

Sie ging durch die Ausstellungsräume im Haus, fand aber weder an den mit Nadeln aufgespießten Schmetterlingen noch an den präparierten Säugetieren Gefallen. Der Leopard hatte sie erschüttert. Sein Schicksal hinter diesen Gittern, die er wohl kaum lebend hinter sich lassen würde. Eingesperrt bis ans Ende seiner trübseligen Tage.

Als sie schon im Begriff war, die Villa Orient wieder zu verlassen, entdeckte sie im Park etwas, das sie doch noch auf andere Gedanken bringen konnte. Auf ganz andere Gedanken! Auf Gedanken, die schließlich ihr weiteres Leben verändern würden. Wie das manchmal eben so geht, dass einem das Schicksal von einer Sekunde auf die andere auf völlig neue Wege schickt. Wege ohne Wiederkehr.

Unter einem Baldachin stand auf einem dreibeinigen Stativ ein Fernrohr von mindestens einem Meter Länge. Es zeigte in ungefährer Richtung zu den Dreitorspitzen, gewaltigen Felszacken, die sich im Süden über den bewaldeten Vorbergen erhoben. In die Ferne sehen, das Ferne sich ganz nah heranholen, die Distanzen aufheben, hier sein und dort und alles zugleich.

Lidia trat an das Fernrohr heran. Sie steckte sich die schwarzen Haare hinters Ohr, drückte ein Auge zu und das andere nah an das Okular.

Die Optik war wie auf ihre Augenstärke eingestellt. Sie musste das Rohr nur ein wenig nach oben und ein wenig nach rechts schwenken, schon hatte sie die gefurchten Felsen der Dreitorspitzen ganz nah vor Augen, sah den Schnee, der sich in den nordseitigen Rinnen bereits festgesetzt hatte, sah den Himmel darüber.

Sie schwenkte weiter nach rechts, erfasste die Alpspitz-Pyramide, deren letzter Gipfelaufschwung von steilen Felsbändern gebildet wurde; auch hier hatte sich schon erster Schnee abgelagert, dazwischen aber war noch reichlich nackter und bedrohlicher Fels zu sehen. Sie machte sich einen Spaß daraus, den Grat von der Alpspitze über die Höllenthalspitzen und hinüber zur Zugspitze gleichsam mit dem Fernrohr entlang zu klettern. Sie schwenkte ein wenig nach unten, suchte den Höllenthalferner, von dem sie schon so manches gehört hatte, und tastete sich dann nach oben, nach oben und immer weiter nach oben, bis Fels und Schnee aufhörten, bis der höchste Gipfel erreicht war.

Die Zugspitze, dachte sie. Eindrucksvoll, wirklich eindrucksvoll.

Und weiter dachte sie: Da oben möchte ich jetzt sein. Einen Tag und eine Nacht auf dem Berg verbringen, so wie der Wetterwart in seiner Station. Es muss einfach köstlich sein, in völliger Einsamkeit und völliger Stille die Sonne unter- und wieder aufgehen zu sehen. Was gäbe ich dafür.

Sie ruckte am Fernrohr, drehte an den Ringen aus Messing, hoffend, sich den Gipfel noch näher heranzuziehen, vielleicht sogar die Wetterstation ins Bild zu bekommen.

Aber sie war nicht zu sehen. Nicht von diesem Standort aus. Die Station und die gleich daneben errichtete Bergsteigerunterkunft, Münchner Haus genannt, waren von Felszacken verdeckt.

Aber da war das Gipfelkreuz, nicht mehr von der Sonne beschienen, aber doch metallisch glänzend. Es auch nur zu sehen, vermittelte schon ein erhabenes Gefühl.

Nach allem, was sie bis jetzt so gehört hatte, bei dem Bergführer beispielsweise, mit dem sie früher unterwegs waren oder auch bei den Bergsteigern, die nach vollbrachter Tour am Bahnhof ihren Zug erwarteten, konnte der Aufstieg durch das Reinthal nicht allzu schwierig sein. Lang soll er sein, dachte sie. Ein ganz, ganz weiter Weg. Aber nicht sehr schwer.

Nach einem letzten Blick zum Gipfel der Zugspitze ließ sie vom Fernrohr ab und machte sich, nachdenklich und unternehmungsfroh zugleich, auf den Rückweg zu ihrem Quartier.

Es müsste doch möglich sein, da hinaufzugehen, dachte sie. Ohne Führer. Auch für eine Frau.

Und während sie es dachte, war ihr Entschluss tief drinnen in ihrem Herzen schon gefallen. Nur, dass sie es sich selbst noch nicht eingestand.

3

Es war ein eigenartiges Gefühl zu sehen, wie die Männer mit ihren Maultieren bereits einige hundert Meter tiefer über den Schneeferner marschierten, und zu wissen, von nun an viele Monate ganz allein zu sein.

Die Männer wirkten von hier oben wie Gletscherflöhe und die Maultiere wie schwarze Ameisen, die den Flöhen den Garaus machen würden.

Doch manchmal hörte er einen Juchzer oder einen Jodler, der zweifelsfrei ihm galt. Ein Abschiedsgruß der Träger, die froh waren, nicht heroben bleiben zu müssen.

Straub sah ihnen nach, bis sie aus seinem Blickfeld verschwunden waren.

Dann war er allein.

Sie waren vorgestern am späten Nachmittag angekommen. Hatten an der Scharte die Maultiere in den Unterstand gestellt und mit den Kraxen all das hinauf getragen, was in diesem ersten Anlauf zu schaffen war. Die ganze Mannschaft war im Münchner Haus untergebracht, der kleinen, hingeduckten Berghütte, zu der er den Schlüssel bekommen hatte. Er war mit den Männern im Münchner Haus geblieben, hatte darauf verzichtet, sein eigenes Domizil schon zu beziehen. Noch wohnte ja auch sein Vorgänger darin. Und er würde ohnehin noch genug Zeit haben, sich häuslich einzurichten.

Gestern dann waren sie alle zum Depot abgestiegen, hatten die Kraxen vollgeladen, waren wieder hinauf, und indem sie diesen mühevollen Vorgang dreimal wiederholten, hatten sie schließlich alles nach oben geschafft. Die Schultern schmerzten ihn jetzt fürchterlich, und die Schenkel brannten von der Anstrengung des Steigens mit den schweren Lasten. Auch er als Wetterwart hatte gehörig mithelfen müssen, damit alles bis zum Abend zum Gipfel geschleppt war!

Eigentlich hätten sie dann todmüde auf ihre Strohlager fallen müssen. Aber die Träger und der Führer hatten nicht darauf verzichten wollen, auf sein Wohl die Schnapsflasche kreisen zu lassen. Es wurde getrunken und gesungen und an zotigen Sprüchen, seine weiblose Einsamkeit betreffend, herrschte kein Mangel.

Am Morgen waren sie dann ganz anders gewesen. Die raubeinigen Männer waren still und der Abschied war ernst, freundlich und ohne

Witzeleien vonstatten gegangen. Er spürte aus ihren Blicken, ihren Händedrucken, ihren Schulterklopfen ein gewisses Unbehagen, ihn allein hier zurücklassen zu müssen. Da schien sich bei ihnen etwas dagegen zu sträuben, es war, als haderten sie mit dem Auftrag, ohne ihn wieder ins Tal abzusteigen.

»Pfüatdi«, sagte der Bergführer und drückte ihm mit beiden Händen seine Rechte. »Pass auf dich auf da heroben. Lass es dir gut gehen. Im Juni holen wir dich wieder ab.«

Und sein Vorgänger, der Wetterwart, der es nur ein paar Monate auf dem Berg ausgehalten hatte, ehe er wegen unablässiger Kopfschmerzen diesen Dienst quittieren musste, wünschte ihm noch alles Gute und viel Glück. Der Mann hatte Tränen in den Augen gehabt, ob aus Scham, weil er nicht durchgehalten hatte oder aus Freude, weil es zu Ende war – wer hätte es sagen können.

Dann hatten sie sich an den Abstieg gemacht. Das felsige Gelände hinab bis zum Depot und den Mulis. Und nun stapften sie über den spaltenfreien Gletscher Richtung Knorrhütte. Sie wollten heimkommen, ohne noch einmal übernachten zu müssen.

Am Himmel standen Föhnfischlein. Der warme Südwind hatte das Firmament frei gefegt, nur mehr diese in Fischform ziehenden Wolken zierten das strahlende Blau. Die Sicht war klar und unendlich weit. Straub hätte nicht sagen können, welche Gebirgsgruppen er sehen konnte. Von weit im Westen bis weit im Osten reihte sich Bergkette hinter Bergkette. Selbst die höchsten und markantesten Berge wusste er nicht zweifelsfrei zu bestimmen. Aber das hatte ja noch Zeit. Sein Vorgänger hatte ihn in die Technik der Wetterstation eingeführt, in seine Aufgaben und auch in alles, womit er sich beschäftigen könnte in der nächsten Zeit. Da gab es Himmelskarten und Gebirgskarten, Faltpanoramen und auch einige fotografische Ansichten.

Ein Laie hätte von bestem Wetter gesprochen bei diesen Bedingungen. Womit er ja gar nicht so Unrecht haben würde. Allerdings wusste Straub nur zu gut, dass Föhn immer auch von einem gehörigen Wettersturz kündete. Und der könnte um diese Jahreszeit endgültig den Winter mit sich bringen.

Ein bisschen Zeit lassen könnte er mir schon noch, dachte Straub. Ich werd mir die Station noch lange genug freischaufeln müssen.

Er machte sich daran, sein neues Zuhause nun richtig zu inspizieren und sich einzurichten. Er trug seine Sachen aus dem Münchner Haus herüber in die Station. Denn die Berghütte ging ihn ja eigentlich nichts an: Er hatte den Schlüssel, um die Träger unterzubringen und für den Fall, dass irgendwelche verrückten Bergsteiger im Winter heraufkämen – was eigentlich menschenunmöglich war – und er sie notdürftig beherbergen musste. Außerdem war er gehalten, in der Hütte von Zeit zu Zeit nach dem Rechten zu sehen: ob es keine Frost- oder Wasserschäden gäbe und was halt sonst so von Belang sein könnte.

Sein kleines Reich maß nur etwa vier mal vier Meter. Beim ersten Betreten gleich bei der Ankunft war er mehr als erschrocken. Das war ja kaum größer als ein Zelt!

Aber der Wetterwart, der abzulösen war, hatte auf die Vorzüge dieser Kleinräumigkeit hingewiesen. Dass alles so leicht überschaubar sei, zudem gewiss auch im strengen Winter ohne viel Aufwand zu beheizen. Und da man ja ganz allein hier war, konnte einem auf engem Raum auch niemand anderer auf die Nerven gehen.

Dass sein Domizil keine Luxusvilla sein würde, das hatte er schon vorher gewusst. Auch waren ihm Ansichten und Planzeichnungen der Station vorgelegt worden. Er war also vorgewarnt. Doch zwischen einer vagen Vorstellung und dem erwachenden Erkennen der Wirklichkeit ist nun mal ein enormer Unterschied.

Wie, hatte er sich sofort gefragt, wie soll ich da alles unterbringen?

Aber der erste Endruck hatte zum Glück getäuscht. Die Station, offiziell geführt als »Königlich Bayerische Meteorologische Hochstation Zugspitze«, war ein neun Meter hoher Turm, eingeklemmt zwischen dem Münchner Haus und einem Felszacken des Gipfels. Ein massiver Eisenanker hielt die drei Etagen im felsigen Grund, dazu war der Turm mit übergelegten Stahlseilen gleichsam verzurrt, um den Stürmen, die in dieser Höhe bisweilen fürchterlich wüteten, standhalten zu können.

Die untere Etage mit ihren meterdicken Bruchsteinmauern, war als Lager- und Vorratsraum gedacht. Hier waren Holz und Briketts gestapelt, außerdem Konserven und andere lang haltbare Lebensmittel wie geräucherter Schinken, Hartwurst – und Zitronen! Der Saft dieser Zitronen sollte dafür sorgen, dass der Wetterwart nicht an Vitaminmangel erkranken würde.

Darüber lag seine Behausung.

Klein, aber irgendwie auch heimelig. Auf gerade einmal sechzehn Quadratmetern musste Platz genug sein für Küche, Schlaf- und Wohnraum in einem. Ein richtiges Junggesellenstübchen. Dazu das höchste im gesamten Land – und noch ein kleines Stück darüber hinaus. Als 1901 ein gewisser Josef Enzensperger als erster Wetterwart auf der neu errichteten Station Dienst getan hatte, war er in den »Münchner Neuesten Nachrichten« als der »höchste Einwohner des Deutschen Reiches« bezeichnet worden.

Anselm Straub musste lächeln bei dem Gedanken, nun selbst der höchste Einwohner des Deutschen Reiches zu sein. Ein enormer Aufstieg, dachte er. Und er horchte auf sein lautes Lachen, das er ausprobierte, um zu hören, wie seine Stimme im Alleinsein klingen würde.

Als Erstes suchte er einen guten Platz für die Voliere. Er wollte sie von der Decke seines Gemachs hängen, irgendwo, wo sie nicht im Wege umgehen würde und wo zugleich genug Licht durch eines der kleinen Fenster den Käfig erhellen könnte. Die Vögelchen, so dachte er, mögen wie wir Menschen die Tagesläufe. Mögen es, mit der Dunkelheit müde zu werden und mit dem Morgen den Tag zu begrüßen. Und vor allem mögen sie die Sonne, die Wärme und das Wohlgefühl, das damit einhergeht.

Dass dieses von der Sonne erzeugte Wohlgefühl spärlich bemessen sein würde, war ihm schon klar. Für die Zugspitze war zuletzt ein Jahresmittel von minus sieben Grad festgestellt worden! Für den bevorstehenden Winter verhieß dies nicht gerade milde Zeiten. Allerdings, und das wusste er von seinen Vorgängern auf der Station, konnten die Tage ab März selbst hier, auf fast dreitausend Metern Höhe, Sonnenbäder an windgeschützten Stellen durchaus möglich machen.

Er fand einen umgebogenen Nagel in der Decke aus massiven Holzbalken. Er bog ihn weiter zu einem Haken und befestigte daran den Vogelkäfig, und er fühlte sich gut dabei, nun erste Schritte in dieses neue, auf ein dreiviertel Jahr befristete Leben zu tun.

Ich nenne sie Max und Moritz, dachte er. »Du bist Max ...« Er blies dem Vogel durchs Gitter ins Gefieder. »Und du ...« Er schnalzte mit der Zunge, »... du bist Moritz. Merkt euch das.«

Im Herd, der zugleich Ofen für den Wohnraum war, knisterte das Holz. »Am besten, Sie lassen ihn von nun an nicht mehr ausgehen, bis Ablösung kommt«, hatte ihm sein Vorgänger empfohlen. »Er verbraucht nicht viel, aber er heizt gut. Immer bei kleiner Flamme halten, dann werden Sie keine Probleme haben.«

Aus dem Fass neben seinem Turm holte er einen Topf voll Regenwasser und stellte ihn auf den Herd. Eine Kanne heißen Tees könnte ja nicht schaden, während er sich genauer umsah und sich nach und nach heimisch machte, so gut es ging.

Nur zwei Schritte vom Herd entfernt stand ein kleiner Tisch samt an die Wand gelehnter Bank und einem Stuhl – da hätten drei Leute Platz gehabt, aber es war nicht anzunehmen, dass er Besuch bekäme, zumindest nicht, bevor der Winter zu Ende wäre. An diesem Tisch also würde er von nun an seine Mahlzeiten zu sich nehmen, seinen Tee trinken, lesen, vielleicht seine persönlichen Aufzeichnungen niederschreiben. Dieser Tisch wäre der Mittelpunkt seines Lebens in dieser kleinen Stube. An der Wand über dem Tisch war ein Bord befestigt – man musste direkt Obacht geben, sich beim Hinsetzen oder Aufstehen den Kopf nicht anzustoßen –, und auf diesem Bord fanden sich, in einiger Schräglage und Unordnung, Bücher und zerlesene Schriften. Darüber würde er sich vielleicht am Abend ein besseres Bild machen, und wenn nicht an diesem Abend, dann am nächsten oder übernächsten.

Zunächst bedurfte es eines guten Platzes für sein kleines Grammophon und die Schelllackplatten. Hatte er das Geschenk fast nicht annehmen wollen, gar geglaubt, etwas Derartiges nicht zu benötigen, war ihm jetzt bewusst, dass die Musik ihm zum Freund werden würde.

Eine winzige Kommode gleich neben der Bank erschien ihm als der beste Platz. So konnte er das Grammophon bedienen, wenn er am Tisch saß, brauchte sich gar nicht zu erheben, um ein neues Musikstück aufzulegen.

Vorsichtig, geradezu liebevoll klappte er den Deckel des Gerätes auf, drehte den kleinen Trichter zum Raum hin und setzte die Kurbel ein. Aber er verkniff es sich, jetzt, am Vormittag, eine Platte aufzulegen und den Mechanismus in Gang zu setzen. Er klemmte die Platten, die in weißen, papiernen Hüllen steckten, hinter die Musikmaschine, besah sich dabei jede Einzelne und freute sich ganz besonders darauf, den italienischen Tenor Caruso mit der Arie »Celeste Aida« zu hören. Später.

Den Tee, stark und mit wenig Zucker, trank er draußen, vor seinem Turm. Ein paar Dohlen waren oben auf dem Geländer der Aussichtsplattform und in den nahen Felsen gehockt und flogen nun heran und hüpften um ihn herum, darauf spekulierend, vom neuen Wetterwart ein paar Bröckchen zugeworfen zu bekommen. Aber der aß ja nichts, der trank ja nur Tee. Und freute sich über die Mitbewohner seines Gipfels.

Dohlen waren ihm von jeher sehr lieb gewesen. Auf seinen Ausflügen ins Gebirge hatte er immer wieder bestaunen können, welche Meister der Flugkunst sie waren. Mag schon sein, hatte er gedacht, dass man den Adler den König der Lüfte nennt. Majestätisch und gefährlich. Aber die Dohlen mit ihrem pechschwarzen Gefieder, mit ihren gelben Schnäbeln und karottenroten Beinchen, sie waren für ihn die wahren Beherrscher der Luft und der Thermik. Und sie zeigten das ja auch fast unablässig in ihrem übermütig erscheinenden Spiel. Sie waren Könige und Clowns in einem. Und Anselm Straub beschloss, ihnen fortan immer ein paar Krümel zu geben. Lange würden sie ja ohnehin nicht mehr auf dieser Höhe ausharren. Den Hochwinter verbringen Dohlen in abgelegenen Talregionen. Sie würden erst wieder zurückkehren, wenn die Sonne im späten Frühling am Gipfel mildere Temperaturen mit sich brächte.

Umso dankbarer konnte er sein für die Tage, an denen sie ihm noch Gesellschaft leisten würden.

Er sah sich die possierlichen Vögel genauer an. Sie hüpften so nahe heran, dass er ihnen in die kugeligen schwarzen Knopfaugen sehen konnte. Und sie hielten dabei doch Abstand genug, dass sie vor ihm sicher waren.

An dem Morgen, dachte er, an dem sie nicht mehr da sind, wenn ich vor das Haus trete, wird der Winter anfangen.

Er verbrachte den größten Teil des Tages damit, in gewisser Unorganisiertheit sein Leben auf dem hohen Berg allmählich zu organisieren. Packte Dinge aus den Taschen und Kisten, die noch nach Maultierfell rochen. Inspizierte nach und nach den ganzen Turm – über seinem Wohnraum war da noch das Arbeitszimmer mit Messgeräten, Folianten, Karten, wissenschaftlichen Tagebüchern, und von diesem Arbeitsraum führte eine steile Stiege zu einer Luke, die den Aufgang zur Aussichtsplattform vermittelte. Dort oben zu stehen bedeutete, noch einen Meter höher zu sein als die höchsten Felsen des Gipfels. Im Umkreis von vielen Kilometern war nichts und niemand höher als diese Plattform, auf der Straub jetzt stand, auf der er von nun an fast täglich stehen würde.

Mittels der Gebirgskarte verschaffte er sich einen besseren Überblick. In ihr waren die Entfernungen zwischen seiner Warte und den verschiedenen markanten Gipfeln der Ostschweiz, der vergletscherten Zentralalpen, der Dolomiten und der Hohen Tauern genauso verzeichnet wie die Distanzen zu den oberbayerischen Seen und zu den dunklen Säumen von Schwarzwald und Bayerischem Wald.

Freilich, viele der verzeichneten Berge kannte er dem Namen nach und manche auch von ihrer Gestalt. Doch mindestens ebenso viele waren ihm noch fremd, und er würde erst lernen müssen, sie in der Natur zu entdecken. Denn anhand ihrer Entfernungen waren zweimal täglich auch die Sichtweiten von der Zugspitze aus durchzugeben. Reichte der Blick also beispielsweise bis zum Hochvogel im Allgäu, dann konnte von einer Sichtweite von etwa 52 Kilometern gesprochen werden, sah er den Säntis, der sich über dem jungen Rhein erhob, dann waren es sage und schreibe 120 Kilometer.

Sein Vorgänger als Wetterwart hatte ihm am Vortage alles Wesentliche gezeigt, war mit ihm die verschiedenen Anforderungen durchgegangen, hatte ihn eingewiesen in die Praxis dessen, was er von der Theorie her natürlich schon bestens kannte. Doch jetzt war er auf sich gestellt, und das war doch ganz etwas anderes.

Im Arbeitszimmer hing gerahmt zwischen Karten eine Seite aus den »Münchner Neueste Nachrichten« an der Wand. Das leicht angegilbte Blatt stammte vom Februar 1901, war »Sieben Monate auf der Zugspitze« überschrieben und verfasst vom ersten Zugspitz-Wetterwart Enzensperger, der seinen Aufenthalt hier heroben um nur zwei Jahre überlebt hatte. 1903 war er, ein abenteuerfreudiger Alpinist und Reisender, bei einer Forschungsexpedition in der Antarktis gestorben. Er nahm sich vor, diesen Bericht bald zu lesen, aber nicht jetzt, nicht in den Stunden des Nachmittags, an dem er erstmals ganz alleine die Wetterdaten zu ermitteln und durchzugeben hatte. Unruhig trat er immer wieder vor die Tür, um zu sehen, ob sich die Bewölkung in Farbe und Dichte veränderte, ob die Sichtverhältnisse besser wurden oder sich verschlechterten, er prüfte die Luftfeuchtigkeit, den Luftdruck, die Windrichtung. Und immer hielt er dabei auch Ausschau nach den Dohlen, ob sie noch da waren.

Im unteren Geschoss schlichtete er das neu heraufgebrachte Holz zu den anderen Scheiten, er räumte die Briketts auf und kehrte zusammen. Mit der scharfen Axt spaltete er dünnes Anschürholz für den Kanonenofen im Arbeitszimmer. Danach sichtete er die mitgebrachten und die schon länger gelagerten Konserven. Da waren Sülzen dabei und Gulasch, Kraut und Kürbis, gepökeltes Fleisch und gedünstete Karotten. Auf ein Gulasch hätte er Lust verspürt; Kartoffeln gab es ja auch. Aber, so dachte er sich, lieber jetzt ein wenig gegeizt mit den gut eingemachten Sachen und sie aufheben für die kalte Zeit. Von der Decke hingen zwei Schweineschultern, schwarz geräuchert, für die Mäuse unerreichbar. Ja, es gibt Mäuse, hatte der vorherige Wetterwart gemahnt, es gibt sie auch da heroben und sie fressen alles, was ihnen unterkommt. Also, Obacht!

Er entschied sich dafür, abends ein Stück vom Geräucherten zu essen, einen Ranken Brot dazu und vielleicht ein oder zwei Seidel Bier. Auch mit dem Biervorrat würde er haushalten müssen, das war ihm schon klar. Aber dem Bier maß er, anders als der Großteil der männlichen bayerischen Einwohnerschaft, keine ans Lebenswichtige grenzende Eigenschaft bei. Bisweilen schmeckte ihm eine Halbe, zur Starkbierzeit auch ein Bock und auf der Festwiese eine süffige Mass, aber dann vergingen wieder Wochen, ohne dass es ihn nach Hopfen und Malz gelüstete. Und wenn kein Bier mehr da wäre, so würde er nicht groß daran leiden. Verdursten würde er sicher nicht: Das Wasser, das er brauchte, kam als Schnee vom Himmel. Und der Schnee würde meterhoch fallen ...

Um vier Uhr am Nachmittag, eine Stunde vor dem Zeitpunkt, da er seine Messdaten ganz offiziell durchzugeben hatte, telefonierte er nach München. Er wollte ganz sicher gehen, dass Verbindung bestand.

Der Kollege im Institut – es war Gstatter, der Dienst tat, und den Straub recht gut kannte – wollte nur zu gerne wissen, wie es ihm da oben so erginge und ob er sich schon eingelebt habe und wie das wohl auszuhalten wäre, so ganz ohne, er wäre doch schließlich verlobt.

»Es ist alles noch fremd für mich«, sagte Straub. »Ungewohnt, wenn du verstehst, was ich meine. Ich weiß noch nicht so recht, ob ich besorgt sein soll wegen des einsamen Winters oder ob ich mich freuen soll darauf. Seit ich heraufgekommen bin, weiß ich jedenfalls ganz sicher, dass es für mich ein ganz besonderes Erlebnis wird, eine besondere Erfahrung. Ob eher positiv oder eher negativ – das muss man erst sehen.«

Gstatter räumte ein, dass er für eine oder zwei Wochen selbst auch gern Dienst tun würde auf dem Berg. »Aber so lange wie du ... also das würde ich nicht aushalten.«

»Ich hab den Trost«, sagte Straub, »dass ich jeden Tag zweimal mit einem von euch telefonieren kann. Und wenn ihr dann so gut seid, mir auch zu erzählen, was sonst so los ist auf der Welt, dann werde ich das schon schaffen.«

In den folgenden Stunden befasste er sich eingehend mit den Messungen, führte jede mindestens zweimal durch, um die Fehlerquote so gering wie möglich zu halten, er bestimmte von seiner Plattform aus die Sichtweiten in der bereits aufkommenden Dämmerung, er schrieb alles in die dafür vorgesehene große Kladde und gab schließlich Daten und Fakten telefonisch an Gstatter durch. Diesmal war ihr Gespräch ganz sachlich, emotionslos.

Sie wünschten sich einen guten Abend, Gstatter fügte an »... und eine gute Nacht« und er vergaß nicht zu erwähnen, dass nächstentags Lohmeyer da sein würde, um die Zugspitz-Ergebnisse aufzunehmen und weiter zu melden, sodass in den Zeitungen im gesamten Land das Wetter zumindest vage vorhergesagt werden konnte.

Straub setzte sich an den kleinen Tisch, aß vom Geräucherten, trank ein paar Schlucke Bier und packte danach, als er sich die Hände mit dem warmen Wasser aus dem Ofengrandel gereinigt hatte, ein kleines Wachstuchpäckchen aus, das ihm die Kollegen vom Institut zum Abschied geschenkt hatten. »Aber ja nicht aufmachen, bevor du am Gipfel bist! Versprochen?«

»Versprochen.«

Das Päckchen enthielt eine kleine Sammlung sogenannter künstlerischer Aktfotografien.

»Schweinsköpfe«, sagte Straub und musste lachen. Die Fotografien, es waren acht Stück, zeigten überwiegend etwas fülligere Frauen, die dabei waren, ihre Reize zu enthüllen oder die bereits alle Hüllen hatten fallen lassen. Eine räkelte sich bäuchlings und wie ein Säugling auf einem weißen Fell und sah dabei den Betrachter mit großen und ernsten Augen an. Eine andere war nackt bis auf die Strümpfe; sie hatte einen Fuß auf einen plüschigen Schlafzimmerhocker gestellt und war im Begriff, einen Strumpf abzurollen. Ihr Hintern war Straub zu groß und zu fleischig. Am besten gefiel ihm die mit den dunklen hochgesteckten Haaren und dem leicht anzüglichen Lächeln. Sie verbarg sich zwischen Palmblättern, tat so, als würde sie Verstecken spielen und zeigte dabei weniger als die anderen, dieses Wenige aber – eine ihrer kleinen Brüste, ein langes Bein und natürlich ihr einladendes Lächeln – war weit erotischer als bei den Damen auf den anderen »künstlerischen Aktfotografien«. Auch hatte diese Karte, im Gegensatz zu den anderen, am unteren Ende so etwas wie ein Motto stehen, einen Titel: »Komm, fang mich doch!«, stand da.

Straub besah sich die Fotografien alle noch einmal. Dann nahm er sieben davon und warf sie in den Küchenherd. Die Versteckspielerin aber legte er in die Schublade seines kleinen Esstisches. Sie gefiel ihm.

4

Etwa eine Woche nach Straubs Ankunft auf der Station, kündete sich der Winter mit allen Vorzeichen an, die ihm zu Gebote standen. Vorzeichen, die wohl jeder Laie falsch gedeutet hätte.

Die Temperatur auf dem Gipfel stieg mittags auf zwölf Grad Celsius, Plusgrade wohlgemerkt. An der schindelgetäfelten Außenwand des Turms staute sich die Wärme, und Straub konnte zu seinem kleinen Mittagsmahl draußen sitzen – im Unterhemd. Die Dohlen kamen angeflattert und balgten sich um ein paar Krümel von Straubs Brot.

Er genoss den Blick auf den weiten weißen Schneeferner. Und wenn er aufstand und einmal am Münchner Haus entlangging, bis die Ausschau nach Norden frei wurde, dann sah er über den spaltendurchfurchten Höllenthalferner und das gleichnamige Tal hinaus in die voralpine Landschaft, wo sich die Berge im flacheren Land auswellten wie das Meer an einem Strand.

Bis um zwei Uhr war der Himmel völlig wolkenlos, und die Sicht reichte bis zu den Dolomiten. Die Luft war seidig weich, der Himmel so klar – alles in allem kein gutes Zeichen zu dieser vorgeschrittenen Jahreszeit.

Am späteren Nachmittag legte der Himmel einen zarten Schleier an. Nun trug er einen wässrigen Grauton, durch den jedoch das Blau immer noch zart durchschimmerte. Und dann kam Wind auf, der sich innerhalb einer Stunde zu einem gehörigen Sturm steigerte.

Straub hatte sich fast schon mit dem Gedanken angefreundet, dass es in diesem Jahr vielleicht gar keinen richtigen Winter geben würde. Dass der Herbst sich halten würde bis Januar – und dann gleich ein ganz frühes Frühjahr einsetzte. Er hätte nichts dagegen gehabt. Den Wetterstatistikern zufolge hatte es diese Spitzen nach oben wie nach unten in den letzten hundert Jahren immer einmal gegeben: Sommer, die besonders verregnet, Winter die besonders schneearm waren. Ausgesprochen kalte Augustwochen, unerklärlich warme Januars und Februars. Aber die Erfahrungswerte besagten doch, dass in der Regel Schnee das letzte Laub von den kahl werdenden Bäumen schüttelte, dass also auf den Herbst der Winter folgte, und dass so ein Winter in diesen Breiten fast ein halbes Jahr lang dauern konnte, bisweilen sogar länger.

Zum Abend hin entwickelte sich der Sturm zum Orkan. Wenn Straub vor die Tür trat, musste er sich festhalten, damit er nicht einfach umgeweht wurde. Die Wolken, die sich allmählich gebildet hatten, um dann als immer gewaltigere Wogen aus dem Westen daherzukommen, wurden über die Gipfel hinweggefegt. Sie lösten sich auf und formierten sich neu. Im Licht des abnehmenden Mondes, der mal vernebelt, mal ganz dominant am Himmel stand, wurde dieses Wetter zum grandiosen und zugleich furchteinflößenden Schauspiel.

Ein Föhnsturm, der ungehindert über den Gipfel jagte, der an der Station rüttelte, dass die Balken nur so ächzten, der gegen das Haus schlug und es zum Erzittern brachte, der in den Kamin fuhr und den Rauch beißend in die Räume drängte. Und der den Wetterwart Anselm Straub die ganze Nacht lang kein Auge zumachen ließ. Es erging ihm wie einem Kapitän auf stürmischer See, der nur hoffen konnte, dass sein Schiff den Kurs halten und wenn schon nicht den Kurs halten konnte, so doch wenigstens nicht auseinanderbrach.

In diesen Stunden, allein auf dem hohen Berg, zweifelte er daran, dass es eine gute Entscheidung gewesen war, sich in eine solche Wildnis zu begeben. Er hatte immer über den Winter nachgedacht und sich gesagt, dass ihm die Kälte nicht so viel ausmachen würde. Er hatte sich gefragt, wie er mit dem Alleinsein zurechtkommen könnte. Und die Antwort war, dass ihm die Zeit allein mit sich selbst bestimmt ganz guttäte, bevor er eine Familie gründen und Kinder in die Welt setzen wollte. Über die Gewalt der Stürme und darüber, dass er Stürme nicht gut ertrug, hatte er vor sich keine Rechenschaft abgegeben. Dabei wäre es so naheliegend gewesen ...

Er wusste ja genau, woher seine Angst rührte, wie sie aufgekommen war und sich in ihm festgesetzt hatte.

Vier oder fünf Jahre musste er gewesen sein, damals. Er war an der Hand seiner Mutter in der Stadt spazieren gegangen. Wahrscheinlich hatte er nicht gewusst, dass es sich um die Ludwigstraße unweit des Odeonsplatzes handelte, wo alles geschah, was ihn so verstörte. Sicher hatte er es nicht gewusst, nicht wissen können. Dieses Wissen hatte sich nach und nach hinzuaddiert. Sie waren aus dem Hofgarten gekommen, waren vorbeigegangen am Café Putscher, und er glaubte immer noch, sich erinnern zu können an seine Freude, die vielen Kutschen und Gespanne zu sehen, die auf der breiten Prachtstraße unterwegs waren.

»Oh, dieser schreckliche Trubel«, hatte hingegen seine Mutter gesagt und ihn noch fester an der Hand genommen.

Und dann war es passiert: Eine plötzlich aufkommende, um eine Straßenecke fahrende Windbö hatte seiner Mutter den Hut vom Kopf gerissen. Einen Baretthut, mit Federn und seidenen Blütenblättern kunstvoll verziert. Der Hut wurde in die Luft gerissen, hochgewirbelt, stürzte in den Staub der Straße, geriet neuerlich in die Klauen des Windes, rollte hierhin, rollte nach da, wurde erneut nach oben katapultiert, um schließlich im Pferdedreck zu landen und von den Gäulen der nächsten daherkommenden Kutsche zertreten zu werden.

In dem Moment, da der Wind den Hut fortgerissen hatte, stieß Straubs Mutter einen lauten, hellen, angstvollen Schrei aus. Nur ganz kurz. Aber doch in einer Art, die ihn, den kleinen Buben, bis ins Mark erschütterte. Der kurze Schrecken seiner Mutter übertrug sich auf ihn – um bei ihm ein lang anhaltender, ein ewig währender Schrecken zu werden. Er schrie wie am Spieß. Und er hasste den Sturm.

In dieser Nacht auf der Zugspitze war er voller Angst. Er stellte sich vor, wie der Orkan seinen Turm aus den Verankerungen riss und ihn über sechshundert Höhenmeter auf den Höllenthalferner hinabstürzen würde. Er hörte das Geschirr in den Schränken klappern und konnte geradezu körperlich spüren, dass dieser Sturm versuchte, die Läden an den kleinen Fenstern aus ihren Scharnieren zu reißen.

Straub war nie ein frommer Mensch gewesen, sonst hätte er vielleicht den Blick zum kleinen Kruzifix gerichtet, das im Eck über seinem Esstisch hing und vom flackernden Licht beleuchtet wurde. Er hielt nicht viel von Kirche und Glauben; was er glaubte war, dass die Welt mit der Wissenschaft zur Gänze zu erklären sei. Und dass alles andere, zumindest fast alles andere, Romantik und Märchenzauber wäre.

Doch die Angst war da. War riesengroß. Gewaltig wie die Wolken am frühen Abend. Aus einem der Schränkchen, worin Töpfe, Geschirr und Gewürze lagerten, holte er sich die Rumflasche und trank mindestens so viel, wie in eine Tasse gepasst hätte. So wurde der Sturm leiser und nach und nach verlor er tatsächlich an Bedrohlichkeit.

Er schlief dennoch unruhig, wälzte sich hin und her, träumte wirres Zeug – das Schellen des Telefons am frühen Morgen war eine Erlösung. Er vertröstete den Kollegen um eine Viertelstunde. Dick eingepackt ging er hinaus, um die Wetterwerte erst einmal im Augenschein zu prüfen. Und er war mehr als erstaunt über die völlige Windstille, die jetzt herrschte. Nichts regte sich. Das Gebirge lag da in völliger Lautlosigkeit. Im Osten zeigte sich ein erster heller Schimmer. Und über ihm und im Westen standen die Sterne am Himmel.

Noch hielt der Föhn, der in der Nacht so gewütet hatte, den Winter um ein paar Stunden auf. Aber wenn der Föhn dann zusammenbrechen würde, käme der große Wettersturz. Das stand ganz außer Zweifel. Es war eine Frage von Tagen, vielleicht auch nur noch Stunden. Er wusste es, und wenn er es nicht gewusst hätte, so hätte er es im Urin gespürt. Ganz sicher.

An diesem Morgen war Lidia von Berneis sehr zeitig auf. Sie hatte bereits am Vortag ihr großes Gepäck aufgeben lassen; in Dresden würde alles vom Bahnhof abgeholt werden.

Sie hatte sich von den Schafflers schon am Vorabend verabschiedet und dabei versprochen, im nächsten Frühsommer wieder ins Haus Alpenblick zu kommen. Die Betreiber der Pension hatten es sich aber nicht nehmen lassen, die »liebe Frau von Berneis« nach frühem Frühstück noch einmal in aller Form und mit herzlicher Rührung zu verabschieden. Karl Schaffler selbst brachte sie, nachdem er ihr eine wunderbar weiche und warme Decke umgelegt hatte, mit seinem Einspänner zum Bahnhof.

Dieser Schaffler war ein guter Geschäftsmann, hatte es im Leben zu einigem Erfolg gebracht, was gewiss auch daran lag, dass er die Schliche von Lieferanten durchschaute, dass er niemandem leicht auf den Leim ging. Nur: Auf Frauen verstand er sich nicht besonders. Und so war er kein bisschen verwundert darüber, dass die vorzüglich gekleidete Frau von Berneis einen Koffer mit sich führte, den sie dann beim mehrmaligen Umsteigen zumindest so weit selbst zu tragen hätte, bis ein Dienstmann ihr gegen kleines Entgelt die unbequeme Last abnehmen würde. Auch glaubte er ihr, dass sie die nagelbeschlagenen Bergstiefel, die sie an den Schuhbändern zusammengeknüpft hatte und einfach so mit sich trug, in München, wo sie zwei Stunden Aufenthalt haben würde, bei der altrenommierten Schuhmacherei E. Rid & Sohn in der Fürstenstraße zur Nachbesserung der Nähte vorbeibringen wollte.

Dass sie den Zug nach Murnau und weiter nach München gar nicht erst besteigen würde, dass sie nur darauf wartete, Schafflers Gefährt am Bahnhofsvorplatz wenden und davonfahren zu sehen, ehe sie sich im

Waschraum der Station in eine zünftige Hochtouristin verwandeln würde – das wäre ihm, dem grundguten Pensionsbetreiber, nicht im Traume eingefallen.

Als eineinhalb Stunden später beim Bahnhofsvorstand zu Garmisch ein feiner Reisekoffer abgegeben wurde, dessen Inhalt aus einem Rock, einer Bluse, einer Weste sowie Damenstrümpfen, Korsett, Handschuhen, Schuhen und einem Hütchen bestand, war Lidia längst aus dem Ort geschlichen, war an der Partnach entlang gewandert – einen Weg, den sie schon kannte – und dann mutig und völlig allein auf dem Steig, der ausgesetzt die Vordere Klamm durchzog, hinein ins Gebirge.

Sie war so voller Freude. Der Tag war so schön. Nachts hatte es gestürmt. Aber der Sturm hatte alle Wolken vertrieben und den Himmel blau gefegt. Der Morgen war mild, sehr mild für die Jahreszeit. Und außerdem konnte sie sich auf geradezu mädchenhafte Art daran ergötzen, dass ihr das Schelmenstück am Bahnhof so problemlos gelungen war. Jetzt trug sie zu den Nagelschuhen feste Strümpfe, die bis übers Knie reichten, unter dem Lodenrock eine Pumphose, einen gestrickten Pullover und eine Weste aus Jägerleinen. Bis auf die Stiefel war all das und dazu noch der erdfarbene Rucksack im Koffer versteckt gewesen. Auch eine Feldflasche, zwei Scheiben Brot, die sie beim Frühstück abgezweigt hatte sowie zwei Äpfel und eine Birne.

In der Klamm aber überkam sie dann doch ein Gefühl der Unsicherheit und der Besorgnis. Der zum Teil in den Fels gehauene oder mit Balken das tosende Wasser überspannende Weg war auch wirklich dazu angetan, düstere Gedanken aufkommen zu lassen: Bestimmt hundert Meter tief hatte sich hier der Wildbach in das Gestein gefressen. An Stellen, wo sie stehen bleiben und hochschauen konnte, führten nasse, lotrechte, sich nach oben noch verengende Felswände einem schmalen Streifen Himmel entgegen. Das Wasser prasselte hernieder, in rauschenden Kaskaden und in dünnen Tropfenfäden, es rauschte und rann, es wütete und es plätscherte, Moose und Flechten strotzten vor Nässe.

Sie hätte die Klamm auch umgehen und den Weg über die Partnachalm nehmen können oder, etwas umständlicher, übers Graseck. Aber sie wollte es so. Würde sie sich nicht abschrecken lassen von dieser düsteren, feuchten, um diese frühe Stunde besonderes kalt und bedrohlich wirkenden Engstelle auf dem Weg hinauf zur Zugspitze, dann gäbe es wohl nicht mehr viel, was sie von ihrem Vorhaben noch abhalten konnte.

Dunkel waren die in den Fels gehauenen Gänge, und ständig tropfte es in ihr zurückgestecktes Haar, ins Gesicht und manchmal auch in den engen Kragen, von wo es den Nacken hinunterrann und sie schütteln machte. Wie war sie froh, als die Schlucht, in der die Partnach so furchterregend gegen die Felsen schlug, langsam breiter wurde, als mehr Licht einfiel, die steilen Felswände zurücktraten und dort, wo die Landschaft sich schließlich weitete, auch der Wildbach einen vergleichsweise ruhigen Lauf nahm, Harmlosigkeit vorgaukelte.

Sie machte eine kurze Rast, aß die Hälfte von einem ihrer Äpfel und war ein wenig darüber verwundert, dass sie sich beim ersten Mal, da sie durch die Klamm gegangen war – damals aber in Begleitung ihres Gemahls und eines Partenkircher Führers – so gar nicht gefürchtet hatte, diesmal aber doch sehr.

Beim Rückweg, das nahm sie sich jetzt ganz fest vor, würde sie die Partnachklamm meiden.

Aber das Weitere konnte sie in der Tat jetzt nicht schrecken. Nicht, dass noch fast zweitausend Höhenmeter zu bewältigen waren, nicht, dass es noch viele Kilometer bis zum Ende des Reinthales waren, wo dann erst der steile Aufstieg begann, und auch nicht, dass Heinrich Schwaigers »Führer durch das Wetterstein-Gebirge«, den sie sich in der neuesten, 1901 erschienenen Auflage beim Partenkircher Buchhändler besorgt hatte, für den gesamten Anstieg zum Gipfel zehn Gehstunden veranschlagte. Wie hätten zehn Stunden auch schrecken können in Anbetracht Schwaigers euphorischer Beschreibung der Aussicht vom kreuzbestückten Zugspitzgipfel?

»Die Aussicht, insbesondere vom Ostgipfel, von dem man auch das Höllenthal mit dem zerklüfteten Ferner und den Blassenkamm überblickt, ist eine der großartigsten und lohnendsten in den nördlichen Alpen. Sie erstreckt sich von den Höhen des Donauthales bis zum Ortler und der Berninagruppe, vom Salzkammergut bis in die Ostschweiz zum Tödi. Im Westen und Südwesten übersieht man die Felshörner der Lechthaler und Allgäuer Alpen, unter denen insbesondere der Hochvogel hervortritt, nach Norden zu jenseits des Ammer- und Esterngebirges die schwäbische und oberbayerische Hochebene mit den Spiegeln des Ammer- und Würmsees; im Osten ragen die Spitzen des Karwendels hervor; den Glanzpunkt der Rundschau bilden aber im Süden die Firnhäupter der Centralalpen, von den Tauern angefangen bis in die Schweiz, besonders hervorragend die Oetzthaler- und Stubaiergruppe ...«

So wanderte Lidia von Berneis nun taleinwärts an der Partnach entlang, angetrieben von einer schwärmerischen Begeisterung für die Natur im Allgemeinen und das Gebirge im Besonderen. Sie schritt kraftvoll aus, denn sie war ausdauernd und von guter Konstitution. Ihren Mangel an alpiner Erfahrung trachtete sie – so sie sich dessen überhaupt in vollem Ausmaße bewusst war – genau dadurch wettzumachen, dass sie über gute Ausdauer und Gesundheit verfügte und noch am selbigen Tag die Knorrhütte, wenn nicht gar den Gipfel erreichen würde.

Dass sie beim Münchner Haus verschlossene Türen vorfinden würde, das war ihr wohl bewusst. Doch sie rechnete fest mit dem jungen Meteorologen. Der würde sie schon unterbringen können, irgendwo für eine Nacht.

Was gäbe das ein Mäulerzerreißen bei den Menschen daheim, dachte sie. Wenn die wüssten. »Stellen Sie sich vor, die Frau von Berneis. Haben Sie's gehört. Hat die Nacht bei einem Wetterwart auf dem Berg verbracht. Nur sie und er …«

Dabei, so dachte sie weiter, ist das ja noch ein junger Bub. Und ich für ihn, na ja, jedenfalls gewiss nicht im richtigen Alter.

Dass es sie all die Jahre, seit sie Witwe geworden war, nicht bekümmerte, was andere über ihre Art zu leben dachten oder sprachen, war ihr sehr hilfreich.

Zäh, abenteuerlustig und naiv ging sie Schritt für Schritt der Zugspitze entgegen.

Wenn sich Straub im Spiegel betrachtete – das Waschbecken war nur einen Schritt vom Herd entfernt, was den Vorteil hatte, dass er sich zur Körperpflege unschwierig des heißen Wassers aus dem Ofengrandel bedienen konnte – so konnte er sich neu entdecken. Er konnte sehen, wie sein rötlichblonder Bart zaghaft wuchs, konnte seinen Augen ablesen, ob er müde oder munter, niedergeschlagen oder euphorisch war, er konnte, wenn er sein Spiegelbild lange genug fixierte, sogar eine Ahnung bekommen, wie er als Alter aussehen würde, worin er mehr seinem Vater und worin mehr seiner Mutter ähnelte.

Wie lange hatte er sich selbst nicht mehr so gesehen, sich selbst nicht mehr wahrgenommen. Da hatte es dieses Alleinsein gebraucht dazu. Jetzt, da selbst die Dohlen fort waren und sich seine sozialen Kontakte auf die zweimaligen Telefonate am Tag beschränkten, da wurde ihm sein

Spiegelbild zum ersten Ansprechpartner in allen Lebenslagen. Mit den Finken konnte er nicht viel anfangen. Die hüpften auf ihren Stangen im Käfig herum und zwitscherten vor sich hin.

Das Haupthaar wuchs natürlich auch. In einer Schublade im Arbeitszimmer hatte er einen Haarschneider gefunden. Erst hatte er gedacht, es sei ein Instrument zur Schafschur. Aber es war tatsächlich eine Apparatur zum Kahlscheren des Schädels. Ein Gedanke, mit dem er sich nicht recht anfreunden konnte. Lieber würde er sich die Haare wachsen lassen, so wie Robinson Crusoe auf seiner einsamen Insel.

Wie Robinson, dachte er. Ich werde aussehen wie Robinson.

Am frühen Nachmittag begann es zu nieseln. Nur ein Hauch von Nässe zunächst, so sanft und so leicht wie Löwenzahnsamen in der Frühlingsluft. Doch aus dem Nieselregen wurde Regen, der immer mehr an Stärke zunahm und schließlich in Schnee überging. Da war es kurz nach drei. Als er um fünf die Wettermeldung durchgab, lagen auf der Terrasse vor Wetterstation und Münchner Haus ziemlich exakt achtunddreißig Zentimeter frisch gefallener Schnee.

Der Winter war jetzt da.

5

Er war in den Tagen seit seiner Ankunft immer ruhiger geworden. Nach den Verunsicherungen beim plötzlichen Alleinsein, nach den Schocks von unendlicher Leere im unendlich erscheinenden Raum, nach den angstvollen Stunden im ersten Sturm, nach erstem Heimweh und erster Sehnsucht nach Familie, Braut, Kollegen, nach alledem hatte sich sein Zustand mehr und mehr gefestigt. Nach seinem Körper schien sich nun auch seine Seele allmählich auf dem hohen Berge eingerichtet zu haben.

Die Stille wurde ihm vertraut.

Und jetzt, da der Schnee in dicken Flocken fiel, war die Stille noch tiefer und allumfassender als sonst.

Es war, als wenn die Welt im Weiß zur Ruhe käme.

Straub hatte sich eine nach Phantasierezept zusammengekochte Suppe – die Hauptzutaten waren Kartoffeln, Brot und Zwiebeln – warm gemacht, er war nach dem Essen noch einmal ins Arbeitszimmer gegangen, um seine Sachen zu ordnen und morgen in aller Früh wieder griffbereit zu haben und er hatte bei der Gelegenheit den gerahmten Text der »Münchner Neuesten Nachrichten« noch einmal überflogen. Auch Enzenspergers Erfahrungen im ersten Zugspitz-Jahr hatten zu seiner Beruhigung und Heimischwerdung beigetragen.

»Ich komme zu einer weiteren Frage, derjenigen, die ich im Sommer durchschnittlich zwanzigmal im Tage zu hören bekam: ›Ja, da müssen Sie doch vor Langeweile sterben!‹ Indes zur Langeweile fehlt mir schon das Nötigste – die Zeit. Die Ablesung der Instrumente zu den fixen Terminen, das Instandhalten und Reparieren der Registrierinstrumente, die Wolkenbeobachtungen, die Führung des meteorologischen Tagebuchs, die rechnerische Verwertung der Beobachtungen, die photographischen Arbeiten ...«

Er hätte diesen Enzensperger gerne einmal kennengelernt. Aber dazu bestand ja keine Möglichkeit mehr. Gestorben mit gerade einmal dreißig Jahren.

»Aber außerdem muss der Beobachter auf der Zugspitze noch eine Vielseitigkeit besitzen, die zu dem modernen Prinzip der Arbeitsteilung in diametralem Gegensatz steht. Im Nebenberuf ist er Koch, Stubenmädchen,

Waschfrau, Schlosser, Schmied, Zimmermann, Telephonarbeiter, Telegraphist, Elektrotechniker, Mechaniker, Uhrmacher, Schiläufer, Schneeschaufler, Kaminkehrer, Holzhacker und Gott weiß, was noch alles ...«

Aufgeschrieben war das vor fünf Jahren, aber geändert hatte sich seither wohl nichts. Es bedurfte schon eines besonderen Typ Mannes, so alleine zurechtzukommen.

Er legte eine Schelllackplatte auf, eine Operettenmelodie, kramte sich aus dem Regal über der Bank eine alte Zeitschrift und blätterte die Artikel durch, ohne dass einer davon seine Aufmerksamkeit hätte auf sich ziehen können.

Er öffnete eine Flasche Bier, schenkte sich ein kleines Glas ein, schaute durch eines der Fenster ins Schneetreiben hinaus und legte dann ein Scheit ins Herdfeuer. Es war für ihn bislang eine der schwierigsten Aufgaben, diesen Raum tagsüber angenehm warm zu halten, das Feuer nie ganz ausgehen zu lassen und dennoch nachts schlafen zu können. Denn er schlief gern kalt. In seinem Schlafzimmer zu Hause genügte ihm im Winter eine Temperatur von zwölf, dreizehn Grad. Dass es hier nachts wärmer war, hatte in den ersten Tagen zur Folge gehabt, dass er am Morgen mit Kopfschmerzen erwacht war. Aber nach und nach schien sich sein Organismus darauf einzustellen.

Straub zog sich eine dicke Jacke über, ging noch einmal hinauf ins Arbeitszimmer und stieg durch die Luke ins Freie. Die Flocken klatschten ihm nass ins Gesicht, aber da kein Wind ging, war das Schneetreiben nicht einmal unangenehm. Er leckte den Schnee, der ihm auf die Lippen fiel und sofort schmolz. Von den Bergspitzen, die den Schneeferner in weitem Bogen überragten, war nichts zu sehen. Auch nach Norden hin, wo bei klarem Wetter die verstreuten Lichter der Orte im Tal zu sehen waren, herrschten nur Schnee und Finsternis.

Wenn ich jetzt auf dem Mond wäre, so dachte Straub, könnte ich nicht ferner der Welt sein. Und er beschloss, sobald sich das Wetter bessern und der Himmel aufklaren würde, wieder einmal mit dem Fernglas den Mond anzuschauen, seine kreisrunden Krater, seine trockenen Meere.

In seiner kleinen Wohnung legte er eine neue Platte auf. Einen Walzer. Er holte die Fotografie der Nackten aus der Schublade und besah sich das Bild. Komm ... fang mich doch ...

Wie es Elisabeth wohl jetzt ging? Ob sie an ihn dachte? Ob sie ihn vermisste? Irgendwie war es für ihn verwunderlich, dass er hier heroben bislang kaum an sie gedacht, sie noch nicht wirklich vermisst hatte. Natürlich fehlte ihm menschliche Gesellschaft, fehlten Gesichter und Gespräche, Stimmen und Stimmungen. Aber der Gedanke an seine Verlobte hatte ihn bislang nicht gequält. Vielleicht war er zu sehr mit sich und der neuen Situation beschäftigt. Nicht ein einziges Mal hatte er onaniert, seit er hier oben hauste. Das wurde ihm jetzt bewusst.

Vielleicht heute, dachte er. Und er lenkte seine Wahrnehmung auf die Zeichen, die sein Unterleib dazu gab. Ein leichtes angenehmes Ziehen in den Hoden, eine kleine, fast minimale Erregung, das Anwachsen seines Gliedes um ein paar Prozent. Aber nicht mehr. Nicht dieses ihm durchaus vertraute, geradezu nassforsche Durchstrecken des Penis in wenigen Sekunden. Nicht dieses Verlangen, das ihm noch nie eine Frau erfüllt hatte, sondern immer nur er sich selbst.

Er schaute sich die Postkarte mit der nackten Frau an. Viel Nacktheit war ja nicht zu sehen. Das meiste war hinter Palmblättern verborgen. Seine Phantasie wurde auch weit mehr von ihrem Gesicht angeregt. Dunkles Haar, dunkle, südländisch anmutende Augen, der Mund ganz leicht geöffnet, ein Lächeln. Er hielt die Karte ganz nah an die Augen und versuchte, dieses Lächeln genau zu erforschen. Vielleicht war daraus etwas zu erfahren, etwas zu lernen. Frauen waren ihm eigentlich ein Rätsel.

Als er kurz nach neun in seinem etwas zu stark geheizten Quartier unter der Decke lag und sich mit beiden Händen massierte, da versuchte er, an Elisabeth zu denken. Aber das Lächeln der Postkartenschönheit drängte sich wieder und wieder in den Vordergrund. Und als er den feuchten Höhepunkt erreichte, so tat er das unweigerlich in dem Gefühl, in ihr, dieser unbekannten und frivolen Nackten, versunken zu sein.

Das Gefühl von Befriedigung und Erlösung hielt nur kurz an. Es wich schnell der Unbehaglichkeit. Denn im Grunde schämte er sich, seiner Verlobten untreu geworden zu sein.

In dieser Nacht sah er im Traum Elisabeth weinend vor sich knien, während die Nackte hinter ihr vorbeitanzte und sich dabei die Brüste rieb.

»Bitte«, wimmerte seine Verlobte. »Bitte, hilf mir doch. Lass mich bitte nicht ...«

Er hörte das so real, als ob sie wirklich da wäre.

Mit einem Schlag war er wach. Das konnte doch nicht sein. Elisabeth war nicht da. Sie konnte gar nicht da sein. Er war allein auf seinem Berg. Außer ihm konnte niemand da sein.

Er setzte sich im Bett auf, schüttelte das Kissen und drehte es um, damit er nun etwas kühler lag. Er rollte sich zusammen wie ein kleines Kind und zog sich die Decke über. Indem er an eine Bergwanderung im Frühsommer dachte – hinauf zum Schachenschloss –, und indem er sich dabei verschiedene Einzelheiten des Tages in Erinnerung zu rufen trachtete – die Naturschönheiten, die Stimmungen an diesem Tag, die Skurrilität des kleinen königlichen Domizils und dabei vor allem die vielfarbigen, orientalisch anmutenden Fenster im Obergeschoss – versuchte er, dem erotischen Traumkäfig zu entkommen und mit anderen Bildern besser einschlafen zu können.

Dann, als er nicht mehr unterscheiden konnte zwischen Wachsein und Schlafen, zwischen noch bewusstem Gedankenspiel und Traumgeränke, hörte er die Stimme von Elisabeth aufs Neue.

»Hilf ... helft ... bitte ...«

Schwach, wimmernd, zagend, verzweifelt.

»Bitte ... ist da irgendwo ... hilft mir doch wer ... bitte ...«

Er schrak hoch, fast wütend darüber, von seinem Unbewussten wieder in eine düstere Gasse geführt worden zu sein. Aber auch jetzt, während er in seinem Bett saß und sich die Augen rieb, verschwand die Stimme nicht. Und, daran gab es keinen Zweifel, es war nicht die Stimme seiner Verlobten.

Kein Traumgespinst!

Was er hörte, kam aus der Realität. Kam von draußen. Von dort, wo niemand sein konnte. Aber jemand sein musste.

Straub sprang von seiner Matratze, stolperte in seine Hose hinein, riss eine dicke Jacke vom Kleiderhaken neben dem Treppenaufgang und wäre, weil er die Schuhbänder seiner Stiefel nicht geschnürt hatte, fast noch über die halbe Treppe hinuntergestürzt.

Als er die Tür aufriss, stiebte ihm Schnee ins Gesicht und in den Kragen. Aber in seiner Aufregung spürte er davon so wenig wie von der eisigen Kälte. Auf der kleinen Terrasse lag der Schnee kniehoch, und dass ihm binnen Sekunden die Füße kalt und nass waren, das immerhin spürte er. Doch es war ihm egal. Da draußen war jemand! Es musste jemand da sein! Er war sich ganz sicher, eine Stimme gehört zu haben, eine wirkliche, wahre Stimme. Kein Traum, keine Halluzination.

Er schwenkte eine Laterne nach allen Seiten. Aber ihr Licht reichte nur für ein paar Meter im Umkreis. Alles andere wurde von der schneewolkigen Nacht verschluckt.

»Hallo«, rief Straub. »Halloooo! Ist da jemand? Hallooohoo ... ist jemand da?«

Dann schwieg er. Horchte nur noch. Glaubte, sein Herz schlagen zu hören. Hätte gern sein Atmen abgestellt, um noch besser zu hören.

Nichts.

Das konnte doch nicht sein!

Nichts.

Einer der Fensterläden klapperte leicht und nicht sehr laut.

Aber sonst – nichts.

Er schrie erneut, noch lauter und anhaltender als zuvor. Doch auch dieses Mal bekam er keine Antwort. Nicht einmal ein Wimmern.

Aber Straub gab nicht auf. Er stapfte am Münchner Haus vorbei, um nordseitig Richtung Höllenthal einen Blick werfen zu können. Dass es ziemlich unsinnig war, wusste er selbst: Kein Mensch vermochte bei diesen Bedingungen den Anstieg auf dieser Seite zu schaffen. Aber er wollte ganz sicher gehen.

Nichts.

Als er wieder zurückkehrte zu seinem Turm, wieder und wieder in die undurchdringliche Nacht brüllend, machte er eine Entdeckung: Nur ein paar Schritte von seinem Turm entfernt, lag jemand im Schnee.

Straub stürzte der Länge nach hin, als er versuchte, diesen Menschen so schnell wie möglich zu erreichen. Aber er tat sich nichts, ja, nicht einmal die Laterne ging aus. Er rappelte sich hoch, machte die letzten paar Schritte und ließ sich neben der Gestalt auf die Knie fallen.

Es war ein Mensch, keine Frage. Lag mit dem Rücken nach oben im Schnee. Ausgestreckt, ein Bein ein Stück weit angewinkelt. Den Kopf zur Seite gedreht und von Straub abgewandt, sodass der nicht gleich erkennen konnte, ob es sich um einen jungen oder einen älteren Mann handelte.

Auch wenn er die Stimme vorhin für die Stimme einer Frau gehalten hatte, so gab es doch keinen Zweifel, dass nur ein Mann den Weg hier herauf und durch dieses Wetter geschafft haben konnte.

Straub schüttelte ihn an den Schultern. Beutelte ihm den Schnee vom Gewand. Befühlte seine Wange. Kalt. Sehr kalt. Schob ihm den nassen Kragen zur Seite und drückte ihm Zeige- und Mittelfinger auf die Halsschlagader. Da war noch Leben. Da pumpte Blut darin.

Ich muss ihn reinschaffen, dachte er. So schnell es nur geht, muss ich ihn ins Haus schaffen.

Er drehte die Person so, dass sie auf der Seite lag und fasste sie unter den Armen. Der Kopf fiel schlaff zur Seite. Er war sich nicht gleich sicher, ob er im Licht der Laterne richtig sah: Das Haar war lang und die Gesichtszüge nicht sehr männlich, zu weich. Doch eine Frau! Er wagte nicht, mit seinen Händen die Wahrheit zu erfühlen.

Er schleifte den leblosen Körper bis zur Tür. Es war ein Kraftakt, sich den Körper dann über die Schulter zu wuchten und die steilen Stufen hinaufzutragen. So kalt es draußen gewesen war, so sehr schwitzte er jetzt vor Anstrengung und auch vor Aufregung.

Er legte den Körper auf seinem Bett ab. Im Licht des Zimmers sah er nun, was er beim Herauftragen schon vermutet hatte: Es war kein Mann. Dafür war ihm die Last auch zu leicht erschienen. Nicht wirklich leicht natürlich, denn ein Körper, in dem kein Leben ist und der nicht mithilft bei der Sache, erscheint immer schwerer, als er wirklich ist.

Eine Frau!

Sie bewegte sich nicht. Oder doch? Ihre Lippen! Ganz leicht bewegten sich ihre Lippen.

Er beugte sich zu ihr hinunter, hielt ihr sein Ohr ganz nahe hin, lauschte. Vielleicht versuchte sie ja, ihm etwas mitzuteilen. Aber es war nur ein kaum hörbares Wimmern.

Straubs Herz raste. Jetzt aber mehr vor Angst als vor Anstrengung. Da lag eine Frau auf seinem Bett, fast erfroren, völlig am Ende. Und wahrscheinlich würde sie sterben. Denn: Wen hätte er um Hilfe rufen sollen? Welcher Arzt hätte kommen können? Auf sich war er gestellt, auf sich ganz allein.

Aber, was war zu tun?

Er sah, wie seine Hände zitterten. Ihm wurde bewusst, dass auch er durchnässt war. Er streifte sich die Stiefel ab und zog die von der Nässe schwere Hose aus.

Ich muss es warm machen hier drinnen, dachte er. Einschüren.

Das war zumindest ein Anfang. Er legte reichlich Holz nach. Es würde nicht lange dauern, bis das Thermometer in seinem Zimmer wohlige einundzwanzig Grad erreichen würde. Aber das allein genügte nicht.

Was musste sonst noch getan werden?

Ein Tee, dachte er. Ich muss ihr einen Tee machen. Und ich muss ihn ihr einflößen.

Er setzte Wasser auf, füllte Teepulver in eine Kanne. Während der Tee zog, stellte er einen Stuhl ans Bett, wo diese Frau nun lag. Er nahm ihre Hand und fühlte den Puls. Schwach, aber immerhin.

Er nahm erst jetzt richtig zur Kenntnis, dass ihre Kleidung klatschnass war.

So kann ich sie nicht lassen, dachte er. Wahrscheinlich stirbt sie. Aber vielleicht auch nicht. Aber wenn ich sie so lasse, stirbt sie auf alle Fälle.

Es war nicht leicht, die vom Schnee verklebten, in den Knoten gefrorenen Schuhbänder zu öffnen, ihr die Stiefel auszuziehen. Die Strümpfe waren vollgesogen und bildeten dort, wo er sie auf den Boden warf, sofort kleine Seen um sich herum.

Zierliche Füße, dachte er. Aber kalt. Erfroren.

Er begann, die Füße mit den Händen zu reiben. Wollte sie wieder aufwärmen. Aber es schien, als würden seine Bemühungen nicht viel nützen.

Schnee, dachte er. Ich brauche Schnee.

Daran herrschte zum Glück kein Mangel. Barfüßig und in Unterhosen ging Straub hinunter zur Tür und schaufelte mit bloßen Händen einen Eimer mit Schnee voll.

Man muss Menschen, die sich etwas erfroren haben, mit Schnee einreiben. Ich erinnere mich. Mit Schnee einreiben, hat er gesagt.

Vor Jahren hatte er in den Bergen einen getroffen, der ihm vom Schifahren erzählt hat. Und dass er Mitglied sei im Schiclub Arlberg, weil dort doch schließlich das Schifahren erfunden worden ist. Hatte der Mann gesagt. Straub war da noch fast völlig unbekannt, was es mit dieser neuen Art, auf Berge hinauf- und wieder hinunterzukommen, auf sich hatte.

Von gebogenen Holzlatten war die Rede, von Riemen, mit denen man eben diese Latten an die Stiefel bindet. Und von einer ganz besonderen List: indem man nämlich mittels dünner Lederschnüre Tannenzweige an die Unterseite der Schi band, konnte man damit sogar aufsteigen, ohne bei jedem Schritt wieder zurückzurutschen.

Diese Schilderungen hatten Straub in ungläubiges Staunen versetzt, und er hatte sich vorgenommen, das selbst auch einmal zu probieren, bislang aber nie eine Möglichkeit dazu gefunden.

Noch etwas war ihm – zum Glück – von dieser Begegnung her in Erinnerung: dass dieser Mann, dieser Schi-Tourist ihm erzählt hatte, die im Winter so leicht auftretenden Erfrierungserscheinungen dadurch zu behandeln, dass er die betroffenen Gliedmaßen mit Schnee einrieb. Dadurch, und wirklich erst dadurch, käme die Durchblutung wieder in Gang.

Es half alles nichts. Er musste der Frau auch die Pumphosen abstreifen um Füße und Unterschenkel behandeln zu können. Auf dem Bett konnte er sie schlecht mit Schnee einreiben. Also zog er sie samt dem Bettzeug, das ohnehin schon nass war, auf den Boden herunter und begann, zaghaft zuerst, dann immer intensiver, ihr die Füße zu massieren und die Waden.

Der Tee musste mittlerweile bald eine Viertelstunde lang gezogen haben. Tatsächlich war ein pechschwarzes Gebräu daraus geworden. Straub gab Zucker dazu und einen Schuss Rum. Mit einem kleinen Löffel versuchte er, ihr das Gebräu einzuflößen. Doch es war vergeblich. Ihre Lippen waren geschlossen und reagierten kein bisschen auf den Löffel, mit dem Straub sie vorsichtig öffnen wollte. Erst als er mit der linken Hand den Mund in eine Art Zangengriff nahm, gelang es ihm, ihr nach und nach wenigstens ein bisschen Flüssigkeit zuzuführen.

Und dann kam das Unangenehmste für ihn. Er musste sie ausziehen, völlig ausziehen. Sie musste raus aus den nassen und eisigen Sachen.

Straub hatte noch nie eine Frau ausgezogen. Das machte die Angelegenheit nicht einfacher.

Es kostete ihn erhebliche Mühen, ihr die Jacken, die Bluse, das Hemd auszuziehen. Wenigstens trug sie kein Korsett!

Die Frau regte sich nicht, sie war bewegungslos wie eine Puppe. Aber eigentlich war er froh darüber, dass sie jetzt nicht plötzlich die Augen aufschlug und ihn, entsetzt, für einen Strolch halten musste. Ihre Brüste waren klein und fest und kalt und feucht. Er legte eine Decke über die Frau und rieb sie damit trocken und warm. Und wie ein Fotograf im Dunkelsack die belichtete Platte gegen eine neue ausgetauscht haben würde, so fingerte er der Frau unter der Decke die klitschnasse Unterhose von den Beinen und rieb dann auch ihre untere Körperpartie so lange mit der Decke, bis er sicher sein konnte, dass sie trocken war.

Sie lebte. Er hielt sein Ohr an ihr Gesicht und spürte ganz leicht ihren Atem. Er gab ihr vom starken Tee ein und fühlte erneut ihren Puls.

Mehr Decken, dachte er. Ich brauche mehr Decken.

Drüben im Münchner Haus gab es davon genug. Und so zog er sich wieder was über, stapfte durch den Schnee zur Bergsteigerunterkunft, holte gleich einen ganzen Stapel der klammen, rauen, fasrigen und kratzigen Decken und baute der armen Frau auf seinem eigenen Bett ein warmes Lager: zwei Decken als Unterlage, drei über die Ohnmächtige gelegt.

Es blieben noch drei übrig. Die breitete er auf dem Boden vor dem Bett aus, damit er in ihrer unmittelbaren Nähe schlafen konnte. Aber er brachte kein Auge zu. Nachdem er ihre Kleidung an den Stangen über dem Ofen zum Trocknen aufgehängt hatte, zog er sich einen Stuhl ans Bett und starrte unablässig auf das Gesicht der Frau. Wenn sie sich nur einmal rühren würde! Wenn sie die Augen aufschlüge!

Immer wieder fühlte er ihren Puls. Nichts änderte sich. Wieder legte er Holz nach.

Am Morgen, wenn er seine Wetterwerte durchgeben würde, musste er Meldung machen. Er hatte zwar keine Vorstellung, wie der Frau vom Tal aus geholfen werden konnte – aber es war natürlich Dienstvorschrift, die veränderte Situation zu melden und von den Vorgesetzten die richtigen Verhaltensregeln entgegenzunehmen.

Vielleicht könnte ja ein Arzt ... übers Telefon ... eine Ferndiagnose.

Und wenn sie gesund würde und wieder auf die Beine käme – wie käme sie hinunter ins Tal? Das lange Reinthal galt vom Winteranfang bis ins späte Frühjahr als ausnehmend lawinenbedroht.

Sie hat ein schönes Gesicht, dachte Straub. Nicht mehr jung, aber irgendwie schön.

Was, wenn sie starb. Wenn sie hier heroben sterben würde, in seinem Wohnraum? Er könnte sie nicht liegen lassen.

Ich werde ihr ein provisorisches Grab im Schnee machen müssen, dachte er. Wenn sie stirbt.

6

Als Straub die tropfnassen Sachen hinauftrug, sah ihn die Frau von ihrem aus vielen Decken bestehenden Lager aus an. Auf dem Kissen, seinem Kissen, das er ihr untergeschoben und das er täglich mehrmals aufgeschüttelt hatte, lag sie mit ihm zugewandtem Gesicht und es war das erste Mal, dass sie die Augen geöffnet hatte.

»Ich hab Ihre Wäsche gewaschen«, sagte er.

Es fiel ihm in diesem Augenblick nichts anderes zu sagen ein.

»Ich trag sie schnell hinauf auf die Plattform. Da kann ich sie zum Trocknen aufhängen. Heut scheint die Sonne und es geht ein leichter Wind. Da werden wir das schnell trocken kriegen.«

Schon auf der Treppe, die hinaufführte in sein Arbeitszimmer, drehte er sich zu ihr um und sagte: »Und dann mach ich Ihnen einen Tee.«

Als er nach einigen Minuten zurückkehrte in die Wohnstube, lag die Frau wie zuvor. Und sie sah ihn unverwandt an. Straub schaute schnell weg, ging zum Herd, setzte Wasser auf, hantierte mit der Teekanne und versuchte, seine Sätze beiläufig klingen zu lassen. Dabei musste er ständig daran denken, wie sehr ihm diese fremde Frau doch schon vertraut war.

»Gut, dass es Ihnen besser geht«, sagte er. »Ich habe mir ernstliche Sorgen gemacht um Sie. Seit drei Tagen sind Sie hier, und Sie haben immer nur geschlafen. Wahrscheinlich waren sie ohnmächtig. Aber jetzt sind Sie ja aufgewacht, Gott sei Dank. Ich glaube, dass Ihr Leben an einem dünnen Faden gehangen hat. Sie waren ja völlig unterkühlt. Und wahrscheinlich völlig erschöpft. Nehmen Sie Zucker in den Tee?«

Da keine Antwort kam, drehte er sich um und schaute zum Bett. Die Frau lag unverändert da und sah ihn mit weit geöffneten Augen an. Wenn sie nicht ab und zu die Lider geschlossen und wieder geöffnet hätte, dann wäre er sicher in Panik verfallen, hätte sie für tot gehalten. Aber sie lebte ja. Nur sprechen tat sie nicht.

»Bis der Tee gezogen hat, bin ich rasch noch mal oben. Muss noch was nachsehen«, sagte er. Und im Abwenden glaubte er, ein ganz kurzes Nicken zu bemerken.

Auf der Plattform der Wetterstation prüfte er die Sichtweiten und notierte alles in die dafür vorgesehene Kladde. Es war ja nicht so, dass er nur morgens und abends die meteorologischen Messungen durchzuführen und niederzuschreiben hatte. Alle drei Stunden war dies vonnöten. Denn anhand dieser zahlreichen Messergebnisse konnte das Institut in München aussagekräftige Wetterstatistiken erarbeiten, die jetzt schon Rückschlüsse auf die Veränderung im mitteleuropäischen Klima zuließen und die eines Tages, vielleicht auch erst in Jahrzehnten von höchster Bedeutung sein konnten.

Aber Straub tat sich schwer an diesem Tag, sich auf seine zwar leichte und doch wissenschaftliche Genauigkeit erfordernde Aufgabe zu konzentrieren.

Ich hätte es melden müssen, dachte er. Und er fragte sich, wie schon oft in den vergangenen Tagen, was ihn davon abgehalten hatte. Warum habe ich den Kollegen nichts gesagt? Warum verheimliche ich die Angelegenheit?

Eine Erklärung, die sich nach und nach gleichsam eingestellt hatte, war die, dass seine Verlobte beunruhigt wäre, eifersüchtig, weil er ja jetzt zumindest Wochen gemeinsam mit dieser Frau auf dem Berg zu leben haben würde. Aber er fühlte mehr, als dass er es wusste, dass dies nicht sein Hauptmotiv gewesen war.

Aber es ist ja nicht zu spät, dachte er. Wenn ich es morgen melde, dann brauche ich ja nicht zu sagen, dass sie schon einige Tage in der Station liegt. Ihr kann es egal sein. Und die Kollegen werden nichts anderes erfahren.

Als er wieder bei ihr war, hatte sich die Frau im Bett aufgesetzt und dabei die Decken mehrfach um ihren Oberkörper gewickelt. Sie sah sehr blass aus, schmal im Gesicht, mit dunklen Ringen um den Augen. Ihre Haare hingen strähnig herab. Straub hätte nicht sagen können, ob sie in anderem Zustand schön sein könnte. Jetzt war sie es nicht. Aber da konnte der Anschein natürlich trügen.

»Ich habe einen Tee für Sie«, sagte er. »Mit Zucker und einem Schuss Rum. Das wird Ihnen gut tun.«

Er trat mit einer großen, dampfenden Tasse an sie heran. Sie sah ihn schweigend an, sagte nichts, und als er ihr die Tasse hinhielt, behielt sie die Hände unter den Decken.

»Sie müssen trinken«, sagte er. »Das ist jetzt ganz wichtig. Viel trinken. Damit Sie wieder auf die Beine kommen …«

Sie machte keine Anstalten ihm eine Hand entgegenzustrecken. Sah ihn nur an.

»Oh, Sie müssen entschuldigen«, sagte er. »Ich hab mich ja noch gar nicht vorgestellt. Mein Name ist Straub, Anselm Straub. Und ich bin der Wetterwart hier auf der meteorologischen Station auf der Zugspitze. Ich habe Sie draußen im Schnee gefunden ...«

»Ich weiß«, sagte die Frau. Ihre Stimme klang tief und rau. Hatte nichts Liebliches. Für Straub war eine Frauenstimme bisher immer etwas Liebliches gewesen. In der Sanftheit und Zärtlichkeit versprechenden Stimme einer Frau hatte er sich immer geborgen gefühlt.

Diese Frau hier klang anders. Das kommt von der Unterkühlung, dachte er.

»Ich mein, ich weiß dass Sie der Wetterwart sind«, sagte sie. »Ich habe Sie telefonieren hören. Gestern noch, im Halbschlaf. Und heute Morgen ganz bewusst. Aber ich wusste nicht, dass Sie mich gefunden haben. Da habe ich wohl allen Grund, mich bei Ihnen zu bedanken.«

»Das wäre ja noch schöner!«, widersprach Straub und hätte dabei fast den Tee verschüttet. »Das Einzige, was Sie zu tun haben, ist endlich was zu trinken.«

Sie schien zu lächeln. Ein schwaches Lächeln, das ihm scheu vorkam.

»Wie soll ich trinken?«, sagte sie. »Ich habe nichts an, habe nur diese kratzigen Decken um mich gewickelt. Und meine Wäsche scheint ja zum Trocknen draußen zu hängen. Sie werden verstehen, dass ich Ihnen die Tasse nicht abnehmen kann. Stellen Sie sie einfach da auf den Hocker. Und dann drehen Sie sich weg. Und dann trinke ich auch ...«

Straub hörte die Frau hinter seinem Rücken den Tee schlürfen, hörte sie atmen, was genussvoll und angestrengt zugleich klang. Und dann hörte er sie wieder sprechen.

»Ich habe mich ja auch noch nicht vorgestellt. Ich heiße Lidia Berneis. Ich habe die Herbstwochen in Partenkirchen verbracht. Eigentlich bin ich aus Dresden. Aber ich bin stets gerne hierher gekommen. Ich mag die Berge ...«

»Aber wie kommen Sie nur auf die Idee ...«

Doch die Frau ließ sich nicht unterbrechen.

»Bitte«, sagte sie. »Keine Fragen jetzt. Noch nicht. Später dann werde ich Ihnen schon alles erzählen, was Sie wissen müssen.«

Sie trank den Tee, Straub hörte sie die Tasse abstellen und sich bedanken, und er verstand es ganz richtig als Einverständnis, wenn er sich wieder umdrehen wollte.

»Wie fühlen Sie sich jetzt? Haben Sie noch Fieber? Oder irgendwelche Schmerzen?«

»Schwach, noch ziemlich schwach. Ich habe Halsschmerzen, Kopfschmerzen, die Beine ziehen und ich habe das Gefühl, dass in mir ein Husten ist, der irgendwann herausmuss. Aber ich glaube nicht, dass ich sterben muss, wenn es das ist, was Sie meinen.«

Auch in den nächsten Tagen hielt sich die Frau zumeist im Bett auf. Sie war schwach und sie schlief viel. Straub machte ihr Suppe und Tee, und in den Tee presste er Zitronensaft. Ihre Kleidung, die draußen im eisigen Wind getrocknet war, hängte er über den Ofen, damit sie richtig warm werden würde.

Als sie das erste Mal aufstand – sie hatte nach ihrer Kleidung verlangt und ihn aus dem Zimmer geschickt – da stand sie noch ganz wackelig auf den Beinen.

»Können Sie mir helfen?«, rief sie nach Straub. »Ich müsste mal wohin ...«

Er führte sie hinter zum Klosett und wartete draußen auf der Terrasse vor der Wetterstation, bis sie fertig war. Der Gang zurück in die Wohnstube kostete sie merklich Kraft. Er führte sie am Arm. Sie atmete schwer. Und sie war froh, wieder oben zu sein.

»Legen Sie sich nicht gleich wieder hin«, sagte er und rückte ihr einen Stuhl hin. »Ich will erst die Decken wechseln.«

Lidia von Berneis schaute Straub zu und staunte, mit welchem Geschick und in welcher Schnelligkeit er das Kissen aufschüttelte, die Decken zusammenraffte und beiseite legte und neue Decken ausbreitete.

»War ich eigentlich die ganze Zeit über nie ...«

Straub wusste, was sie fragen wollte, und er merkte, dass es ihr sehr unangenehm war.

»Sie haben ja nicht aufstehen können«, sagte er.

»Habe ich ...?«

»Kein Problem«, sagte er. »Ist wirklich kein Problem. Es sind mehr als genug Decken da. Ich habe die anderen raus in den Schnee gelegt.«

Es machte sie sehr verlegen, dass sie, natürlich ohne es zu wissen, ins Bett gemacht und dass dieser Mann alles in Ordnung gebracht hatte. Sie schämte sich. Sie verspürte eine Wut auf sich. Und auch auf ihn: Er hätte sie einfach sterben lassen sollen.

Die Vorstellung, dass er sie nackt ausgezogen und trocken gerieben hatte, war scheußlich. Aber die Vorstellung, dass er sie von Kot und Urin gereinigt hatte, war schlichtweg unerträglich.

Sie wendete sich ab und sagte: »Lassen Sie mich jetzt in Ruhe. Bitte.«

Es bedurfte einiger Tage, um sich aneinander zu gewöhnen. Straub verrichtete seine Arbeiten, kümmerte sich um Lidia Berneis, fragte nicht viel, ließ ihr Zeit, sich zu erholen. Seine Bettstatt hatte er nach oben ins Arbeitszimmer verlegt. So hatte jeder zumindest für die Nacht eine gewisse Privatsphäre.

Lidia verbrachte noch die meiste Zeit auf ihrem Deckenlager. Sie sprach nicht viel, schaute immer nur zu, was Straub tat. Sie mochte ihn. Und zwar nicht nur, weil er ihr das Leben gerettet hatte. Sie fand es – wie hätte sie es besser ausdrücken können? – irgendwie sympathisch, wie er seinen Haushalt verrichtete, wie er, allein auf sich gestellt, zurechtkam. Sie mochte es, wenn er abends noch eine Stunde bei ihr in der Stube saß, drüben am kleinen Tisch, wenn er Pfeife rauchte, wenn er ein Buch vom Bord nahm, darin blätterte und ihr den einen oder anderen Absatz, den er für bemerkenswert erachtete, daraus vorlas.

Älter als dreißig ist er noch nicht, dachte sie. Ob er verheiratet ist? Kaum. Welche Frau würde ihn gehen lassen? Für Monate!

An so einem Abend brach der Deich. Lidia war erholt genug, und bereit, etwas von sich preiszugeben. Und Straub kam der Zufall zu Hilfe: an genau so einem Abend, da er nach dem einfachen Mahl, das er für sie und für sich zubereitet hatte, am Tisch saß, rauchte und im Schein der Lampe in einer Ausgabe der »Deutschen Alpenzeitung« blätterte. Er mochte diese Zeitschrift sehr. Die Berichte, die Photographien und die kunstvollen Illustrationen hatten ihm in den letzten Jahren auch große Teile der alpinen Welt eröffnet, die ihm bislang unerschlossen waren. Manche Sehnsucht war in ihm geweckt worden. Sehnsüchte nach Reisen und nach Abenteuern, nach Bergtouren an vergletscherten Viertausendern im Grenzbereich von Frankreich, Italien und der Schweiz oder nach Klettereien an markanten Felstürmen in den südlichen Alpen oder aber auch in den Mittelgebirgen der deutschen Lande.

Die vor ihm liegende Ausgabe seiner »Deutschen Alpenzeitung« – sie stammte aus dem September des Jahres 1906 und war das aktuelle Heft, als er sich in München auf den Weg gemacht hatte – befasste sich, wie bei einem raschen Durchblättern festzustellen war, mit der Venedigergruppe, mit der Bedeutung des Gebirges im Mittelalter, mit der Gliederung der Alpen und, mit insgesamt sechzehn Seiten das Zentrum und den Schwerpunkt dieser Ausgabe bildend, mit der Sächsischen Schweiz im Grenzland zu Böhmen.

»Nagelschuhe klappern über den Fliesenbelag der Dresdner Bahnhofshalle, und allerlei Volk in kurzen Hosen und mit schwer bepacktem Rucksacke drängt sich zu den Schaltern ...«

Er überflog die ersten Zeilen, blätterte um, studierte die über zwei Seiten ausgebreitete Abbildung, auf der Felstürme eine Flusslandschaft überragten, las die zugehörige Bildlegende »Panorama von Rathen« und die zugeordneten Benennungen wie Wehlen, Sandsteinbrüche, Basteifelsen, Amselgrund, Schwedenlöcher, Lokomotive, blätterte wieder zurück und las, von Worten wie Bildern auf Anhieb gleichermaßen beeindruckt, weiter:

»Es ist ein eigenartiges Bergland da vor den Toren Dresdens. Die Hochebene, in die das Erzgebirge hier an seinem Ostende ausläuft, trägt auf ihrem Rücken weithin sichtbar ein Dutzend ausgeprägter Tafelberge ...«

Er sah zu Lidia.

»Ich hab da was entdeckt, was Sie interessieren könnte. Sie kommen doch aus Dresden, oder?«

»Nicht direkt aus Dresden. Aber nicht allzu weit davon. Ich habe ein Haus, nicht weit entfernt von der Elbe. Es ist sehr schön da.«

»Dann waren Sie gewiss auch schon oft in dieser Sächsischen Schweiz?«

»Oft wäre das falsche Wort«, sagte sie. »Natürlich war ich einige Male dort. Man kann sehr schön wandern. Es ist, wie soll ich sagen, eine ganz und gar romantische Landschaft. Viel Wald mit Farnen und Moos. Dazwischen die Sandsteinfelsen. Wie verwunschen. Eigentlich erwartet man ständig, dass sich einem irgendwelche Gnome in den Weg stellen, dass eine Hexe zwischen den Büschen hervorlugt oder dass ein Märchenprinz daherkommt. Und die Aussicht von der Bastei ist einfach unglaublich ...«

»Ich war noch nie da«; sagte Straub. »Erzählen Sie mir doch mehr davon.«

Und so erzählte sie. Von den Ausflügen mit ihrem Mann zur Bastei, jener hohen Kanzel, die einen bezaubernden Tiefblick zur Elbe bietet, zum kleinen Ort Rathen an deren Ufer und weit über das sanft gewellte Land, aus dem Tafelberge aufragen und bergsteigerisch entdeckt werden wollten. Sie pries die einfachen Wirtshäuser, die sich an markanten Orten inmitten der waldreichen Region befinden oder oben auf den Gipfelplateaus der Tafelberge, und dass die dort gebotene, durchwegs einfache Kost nach der Beschwer des Aufstiegs – »und damit«, so sagte sie wörtlich, »meine ich die körperliche und die seelische Beschwer, dort hinaufzusteigen« – besser mundete als ein mehrgängiges Menü in Dresdens ersten Häusern.

»Zu den Gipfeln führen oft steile Steige hinauf«, sagte sie. »Durch enge Schluchten, in denen man auf Leitern höher steigen muss. Das ist schon sehr eindrucksvoll, bisweilen richtiggehend furchterregend.«

Straub erfuhr aber auch von den malerischen Herbsttagen in dieser Mittelgebirgslandschaft, wenn das Laub der Bäume in allen Nuancen von Gelb und Rot leuchtete. Lidia erzählte von einer Wanderung, die sie sehr beeindruckt hatte, und Straub war von ihren Ausführungen derart fasziniert, dass er sich in diesem Moment vornahm, selbst einmal dorthin zu reisen, auch wenn es fast sechshundert Kilometer waren, um hinzugelangen.

»Es war der letzte Ausflug mit meinem Mann«, erzählte sie. »Wir sind in Schandau in die Kirnitschtal-Bahn gestiegen, die gerade erst eröffnet worden war. Allein das war schon ein ganz ungewöhnliches Erlebnis. Und dann sind wir vom Lichtenhainer Wasserfall an der Zyklopenmauer vorbei zum Kuhstall ...«

»Zum Kuhstall?«

Lidia musste lachen. Klar, dachte sie, es kann ja auch keiner wissen, dass es sich nicht um einen Holzverschlag handelt, in dem es nach Mist riecht.

»Der Kuhstall«, erklärte sie ihm, »ist ein Ausflugsziel ersten Ranges. Wirklich ganz famos. Und von jeher ein ganz beliebter Sonntagsausflug. Über steile Stufen hinauf, sehr kühn. Der Kuhstall ist dann so eine Art natürlicher Torbogen, den es wohl aus dem Sandstein herausgewittert hat. Phänomenal. Ein richtiges Wunder. Und dass es dort auch ein Gasthaus gibt, macht das Wunder perfekt ...«

Sie stand auf und kam an den Tisch. Sie setzte sich zu Straub auf die Bank, die gerade groß genug war, um ihnen beiden Platz zu bieten. Sie blätterte in der Zeitschrift, zeigte ihm die Bastei, lächelte, doch in ihrem Lächeln lag nicht nur Freude, sondern auch sehr viel Wehmut.

Seit die Frau auf dem Wege der Besserung war, hatte Straub sie nie so nah bei sich gespürt wie in diesen Minuten. Er glaubte, die Wärme ihres Körpers fühlen zu können. Und er konnte sie riechen: Ihr Haar roch leicht ranzig, was natürlich kein Wunder war, wo sie doch seit Tagen nicht in der Lage war, die gebotene Hygiene zur Anwendung zu bringen. Er beäugte sie aus den Augenwinkeln.

Wenn sie gewaschen ist und gut frisiert, ist sie wahrscheinlich gar nicht unattraktiv, dachte er. Sie hat wahrscheinlich schönes Haar. Und sie hat sehr interessante Augen. Er hatte ja überhaupt den Eindruck gehabt, dass ihre Augen von Tag zu Tag mehr zu leuchten begannen: Am Anfang waren die Pupillen trüb gewesen, wie von einem Nebel überzogen. Allmählich waren sie braun geworden, erst nussigbraun, dann wie poliertes Edelholz. Und nun hatten sie Glanz, schwarzen Glanz. Und Straub musste acht geben, dass sie nicht bemerkte, wie sehr ihn ihre Augen faszinierten.

»Es war so ein besonderer Tag im Herbst«, erzählte sie weiter. Sie lächelte jetzt nicht mehr. »Unten im Elbtal hielt sich hartnäckig der Nebel. Aber nachdem wir eine halbe Stunde bergauf gestiegen waren, kamen wir aus dem Nebel heraus. Der Himmel war so wunderbar blau, und das Laub erstrahlte in seiner ganzen Pracht. Ich glaube, dass es so etwas nur in den Bergen gibt. In den kleinen Bergregionen genauso wie hier in den Alpen. Nur, dass hier alles so viel gigantischer ist.«

»Die Berge dort sind nicht hoch, oder?«, warf Straub ein.

»Überhaupt nicht. Man braucht nicht lange bis zu den Gipfeln. Aber, wie schon gesagt, bisweilen sind die Wege sehr mühsam. Und oft auch ganz ordentlich respekteinflößend. Aber an diesem Tag war alles leicht und nichts war beängstigend. Es war ein glücklicher Tag. Vom Kuhstall aus bestaunten wir die Landschaft. Manche Gipfel ragten nur gerade so aus dem Nebelgrau heraus. Unten im Tal war es kühl, ja, eigentlich richtig kalt gewesen. Oben am Kuhstall war es warm, viel wärmer als üblich zu dieser Zeit. Man konnte die Jacken ablegen und hemdsärmlig vor dem Gasthaus sitzen.«

»Das kann Ihnen hier heroben auch passieren«, sagte Straub. »Auf dreitausend Metern. Ich selbst habe es so noch kaum erlebt. Aber die Aufzeichnungen meiner Vorgänger belegen es: im November in Garmisch oder Partenkirchen drei Grad unter null – und hier oben zwölf Grad plus. Wenn man dann ein windgeschütztes Plätzchen findet, zum Beispiel draußen an der Schindelwand, dann glaubt man bestimmt, der Frühling käme mit Macht ...«

Lidia ging nicht darauf ein.

»Diese Farben am Himmel ...«, sagte sie. »Es mischten sich graue Töne mit zartem Violett. Und Orange war dabei und Gelb. Mein Mann sagte, dass das Wetter schlechter werden würde. Aber in dieser Stunde war es unvergleichlich. Wir saßen an einem Tisch vor dem Gasthaus und tranken Wein. Elbwein. Weiß und ein wenig, wie soll ich sagen, sehr herb, wenn Sie wissen, was ich meine. Und das war alles andere als ein edler Tropfen. Wahrscheinlich hatte der Wirt ihn mit Wasser gestreckt. Und doch mundete er uns unter diesem Himmel, in dieser Luft, an diesem Tag wie der beste Chardonney, den wir jemals getrunken hatten. Und wir hatten einen Weinkeller, der sich sehen lassen konnte ...«

»War Ihr Mann krank?«, fragte Straub, dem die Bemerkung nicht entgangen war, dass es Lidias letzter Ausflug mit ihrem Gemahl war.

»Er war älter als ich«, war ihre Antwort. Sie sah ihn an, und Straub hatte das Gefühl, dass sie durch ihn hindurch sehen würde. Und nicht nur durch ihn hindurch, sondern auch durch die dicken Wände der meteorologischen Station. Hinaus zu den Bergen, die sich in mondbeschienenen Ketten hintereinander reihten.

Als er am nächsten Morgen, nach den ersten Messungen und Eintragungen sowie der ersten telefonischen Meldung nach München, wieder in die Stube kam, da hantierte Lidia am Ofen. Sie hörte ihn über die Stiege herabkommen und sagte: »Ich habe uns einen Tee gemacht.«

7

Auf Weihnachten zu lebten Lidia von Berneis und Anselm Straub fast wie ein Ehepaar in der Weltabgeschiedenheit der meteorologischen Station. Sie sprachen sich noch immer mit Sie an. Er hatte nicht »nach unten« gemeldet, dass die in Bergnot geratene Frau bei ihm ihre Bleibe gefunden hatte. Und sie fragte nicht danach, warum er es nicht tat. Er schlief weiterhin auf seinem behelfsmäßigen Lager im Arbeitszimmer, sie behielt das Bett in der Stube.

Aber sie war nicht mehr rekonvaleszent, nicht mehr bettlägerig. Sie nahm Anteil am Leben in ihrem engen Domizil. Sie kümmerte sich um die Küche: sie bereitete Mahlzeiten, die Straub zwar nicht immer schmeckten, ihn aber doch stets froh stimmten, allein schon wegen der zeitlichen Entlastung. Er selbst kochte nicht gern. Und schon in den ersten Tagen, da er noch ohne sie gewesen war, hatte er feststellen müssen, wie freudlos es war, die Mahlzeiten alleine einzunehmen. Ohne ein Gegenüber, dem man etwas sagen, ohne einen Menschen, dem man in die Augen oder auf die arbeitenden Kiefer schauen konnte.

Lidia bereitete das Frühstück, einen Imbiss zur Mittagsstunde und meist etwas Warmes als Abendbrot. Dazwischen, stets in der Zeit zwischen drei und vier am Nachmittag, filterte sie eine große Kanne Kaffee – Kaffee aus den Bremer Kontorhäusern – und bisweilen reichte sie dazu ein wenig Gebäck, das sie tags zuvor zubereitet hatte.

»Ich bin keine gute Köchin«, sagte sie mit einem scheuen Lächeln, das zum Ausdruck brachte, dass sie es ganz ernst damit meinte. Nein, sie heischte nicht plump nach einem Kompliment. Dass sie privilegiert gelebt, sich um die Dinge des Alltags nie gekümmert hatte, erschien ihr jetzt, im engen Zusammenleben mit dem jungen Wetterwart, als auf ihr lastender Makel.

Straub fand, dass sie viel zu scharf kochte, zu viel Pfeffer an die Gerichte tat. Wenn sie Bohnen machte – Bohnen schienen ihr von allem das Liebste – dann brannte einem schon nach zwei Gabeln voll der Mund.

»Es ist furchtbar lange her«, sagte sie, »dass ich selbst an einem Herd gestanden bin. Als junges Mädchen. Das war noch in Argentinien. Natürlich hatten wir auch da Personal. Aber meine Mutter, und mehr noch meine

Großmutter, haben großen Wert darauf gelegt, dass ich selbst ein wenig kochen lerne. Und was man halt sonst so brauchen kann im Leben: waschen, bügeln, Knöpfe annähen …«

Straub konnte sich die spitze Bemerkung nicht verkneifen: »Was ja auf keinen Fall schaden kann, wenn man allein ins Hochgebirge aufbricht und sich dann einen ganzen Winter lang einschneien lässt.«

Lidia ging nicht darauf ein.

»Ich kann mir helfen. Aber ich bin alles andere als eine Hausfrau. Doch habe ich nicht vor, nur hier herumzusitzen und Ihnen zur Last zu fallen. Ich mache mich nützlich, so gut es eben geht.«

Sie versorgte die Finken, und an den Adventssonntagen zündete sie Kerzen an. Untertags sprachen sie meist gar nicht viel miteinander, jeder ging seiner Arbeit nach. Erst wenn sie zusammen zu Abend aßen, kamen Gespräche auf. Keiner stellte dem anderen konkrete Fragen über seine Vergangenheit beziehungsweise über die Pläne für die jeweilige Zukunft. Diese Tugend – ja, als Tugend muss das durchaus bezeichnet werden – trug ganz wesentlich zu ihrer häuslichen Harmonie bei. Keine Fragen! Doch in den Erzählungen über ihr Leben gab es immer zahlreiche Informationen, beiläufig, wie zwischen den Zeilen. Und so setzte sich bei Straub Lidias Werdegang ganz allmählich wie ein kompliziertes Puzzlespiel zusammen. Und bei Lidia formte sich ein immer schärfer konturiertes Bild von Anselm Straub.

Viel Zeit verbrachte sie mit Ordnung machen und mit Putzen. Straub schien es, als putzte sie fast unentwegt. Er hielt sich, was sein Leben in den Bergen anging, selbst nicht für übertrieben reinlich, aber für einen Mann doch immerhin ordnungsliebend weit über den Durchschnitt hinaus. Er vermied allzu großen Verhau, räumte beizeiten auf, wechselte das Bettzeug und die Leibwäsche, mochte es nicht, wenn er nach Schweiß oder alten Socken stank. Aber diese Frau!

Fast täglich schabte sie Kernseife in einen Eimer und rührte sie mit warmem Wasser schaumig. Und dann schrubbte sie die Wohnstube und sein Arbeitszimmer, sie wischte mit dem Lappen Stühle und Tische ab, selbst die kleinen Fenster kamen jede Woche einmal dran. So viel Sauberkeit war ihm geradezu unheimlich.

Zugleich sah er ihr gerne zu, wenn sie, auf Knien, den Boden mit dem nassen Lappen bearbeitete und sich dabei unbeobachtet fühlte. Er mochte die energischen Bewegungen, mit denen sie jedem Fuzzelchen Staub den

Garaus machte, und dass dabei ihr zierliches Hinterteil rhythmische Kreisbewegungen andeutete, erregte ihn sehr.

Seit sie sich erholt, das Haar gewaschen und sich ein wenig zurechtgemacht hatte, sah er sie als eine schöne Frau. Eine reife Frau. Früher hätte er sie dennoch nicht angesehen. Wenn man als Mann in den Zwanzigern ist, dann hat man unwillkürlich das Gefühl, eine Frühvierzigerin ginge bei den Kaffeekränzchen der eigenen Mutter ein und aus. Aber hier oben, auf dieser einsamen Insel mitten im Gewoge der Wolken ... wo es nichts Weibliches gab als die blasser werdende Erinnerung an Elisabeth und eine pornographische Bildpostkarte ...

Bisweilen trug Lidia Hosen und Hemden von ihm. Wenn ihre Sachen gewaschen werden mussten, stieg sie in seine Beinkleider, stülpte sie hoch, band sie im Bund mit einem Stück Schnur enger. Bei den Hemden, die ihr viel zu weit waren, krempelte sie die Ärmel hoch und lachte sich selbst aus.

»Halt mir mal den Spiegel!«, sagte sie lachend und scheinbar ohne zu merken, dass sie den Wetterwart zum ersten Mal geduzt hatte. Im ersten Moment fühlte er sich geschmeichelt. Dann aber kamen Zweifel hoch. Behandelte sie ihn nicht wie einen Schuljungen? Er fühlte sich so jung und dumm und ohne Welterfahrung, wenn sie ihm abends gegenübersaß und von ihrem Leben erzählte.

Am späten Vormittag des 24. Dezember 1906 brachte das Telefon Straubs Leben dann völlig durcheinander. Als er ins Arbeitszimmer hinaufrannte und schnaufend den Anruf entgegennahm, hörte er die Stimme seiner Verlobten. Das ihm das keinerlei Glücksgefühl vermittelte, war ihm im selben Moment wie ein Schock.

»Ich freue mich, dich zu hören«, sagte Elisabeth. »Geht es dir gut da oben?« Dann war Stille.

Straub wusste wie schwer es war, mit jemandem zu sprechen, ohne ihn dabei ansehen zu können.

»Oh, danke«, sagte er. »Und wie geht es dir? Alles wohlauf?«

In der Leitung knisterte es. Dann war wieder Stille, und er glaubte schon, die Verbindung sei unterbrochen. Das hatte es ja auch bei seinen dienstlichen Gesprächen schon ein paar Mal gegeben.

»Elisabeth!« Er sprach jetzt lauter in den Trichter. »Elisabeth? Verstehst du mich?«

»Ja, ich verstehe dich«. Ihre Antwort kam deutlich. »Was machst du heute, an Weihnachten?«

Er überlegte einige Sekunden. Dann sagte er: »Ach, nichts Besonderes. Ich werde mir was Gutes zu Essen machen, werde ein oder zwei Gläser vom Wein trinken, das Grammophon wird spielen, ich werde lesen«. Wieder dachte er einige Augenblicke nach. »Und ich werde an dich denken, natürlich.«

»Nächstes Weihnachten möchte ich mit dir zusammen sein«, sagte sie. »Einen eigenen Christbaum haben, weißt du.«

Er wusste nicht, was er hätte sagen sollen. Alles erschien ihm so weit weg, so ganz aus seiner Welt.

Und dann hörte er auch noch Lidia die Stiege heraufkommen. Sie sah ihn mit großen Augen an, als ob sie fragen wollte: »Ist was?«

Schließlich war der Telefonverkehr von der Zugspitze aus an feste Regeln gebunden. Um diese Zeit hatte es noch nie angeläutet.

Straub winkte ab. Tat so, als ginge es um allerwichtigste dienstliche Angelegenheiten. Aber Lidia lächelte nur und ging wieder hinunter in die Wohnstube.

»Was hast du«, hörte Straub seine Verlobte fragen. »Du bist so ... wie soll ich sagen ... schweigsam. Dir geht es doch wirklich gut?«

Straub spürte, dass er in die Offensive gehen musste, wollte er Komplikationen vermeiden. Dass er Elisabeth etwas vorspielen musste, um sie telefonisch zufrieden zu stellen. Dass er reden musste, erzählen.

Und das tat er. Sprach, schleppend zunächst noch, von der großen Einsamkeit auf seinem hohen Berg, erzählte, jetzt temperamentvoller, von seiner überaus interessanten Aufgabe, schwärmte schließlich von den grandiosen Stimmungen, die ihm die Berge und der Himmel schenkten, bedauerte sodann ihr Getrenntsein, hörte ohne viel Teilnahme ihr Schluchzen, wünschte ihr und der Familie frohe Weihnachten und schwor ihr Treue, ewige Treue.

Als er das Mikrofon auf die messingglänzende Gabel des höchst modernen Tischtelefons zurückgelegt hatte, ließ er sich in den Stuhl an seinem Arbeitstisch plumpsen. Er hörte Lidia im Stockwerk unter sich mit irgendetwas hantieren. Er hörte Elisabeths Stimme so wie er als Kind das Meerrauschen in einer großen Muschel gehört hatte. Er hörte sein Herz klopfen. Zumindest glaubte er, seinen Herzschlag laut und deutlich vernehmen zu können. Er sah durch eines der kleinen Fenster, sah die tiefverschneiten Bergspitzen, die den Schneeferner rahmten, sah Wolkenfetzen, die sich daran verfangen hatten, sah die Schönheit dieses kalten, klaren Weihnachtstages – und fühlte sich doch verzweifelt und gefangen in einem Leben, das ihm mit einemmal enger war als seine Behausung auf der Zugspitze.

Anselm Straub wünschte in diesem Moment nichts mehr, als wieder ganz allein zu sein. Ohne diese Frau, die bei ihm Zuflucht gefunden hatte. Und ohne Elisabeth.

Es kam ihm so vor, als wäre es schon wieder lange her, dass er ganz allein hier oben gehaust hatte. Und er erinnerte sich an den ersten Abend, da er die Kunstpostkarten ausgepackt und bis auf eine, die ihm gleichsam auf den ersten Blick lieb geworden war, im Ofen verbrannt hatte.

Er hatte sich zuvor keine Gedanken gemacht, wie er Weihnachten alleine verbringen würde. Aber jetzt, da er einen Gast hatte ...

Christbaum wird es keinen geben, dachte er. Die nächsten Bäume stehen tausend Meter tiefer. Nicht mal Tannenzweige haben wir. Ist schon sehr schlicht bei mir. Kerzen, ja Kerzen sind genug da. Und vielleicht ist bei den Schelllacks etwas dabei, was zu Weihnachten passt.

Ob ich ihr etwas schenken muss, dachte er weiter. Und wenn: Was könnte ich ihr schenken? Er sah sich um in seinem Arbeitszimmer. Aber da war alles dem dienstlichen Zwecke gewidmet. Und nichts davon gehörte ihm.

Er kramte alle Schubladen durch, fand aber nichts Geeignetes. Er durchstöberte die Bücher im Regal, hoffend, zwischen all der Fachliteratur vielleicht doch etwas Schöngeistiges zu entdecken, das einer seiner Vorgänger auf der Station vergessen hatte. Vergeblich auch das.

Als er die Suche schon aufgeben wollte, fiel ihm von ganz oben, vom staubigen First der schmalen Bücherwand, ein Wachstuchpäckchen in die Hände. »Zyanometer, 1878« stand in geschwungener Federschrift auf einem angegilbten Etikett.

Er pustete den Staub ab, legte das Päcken, das nicht größer war als zehn mal zehn Zentimeter und nicht dicker als drei Zentimeter, auf seinen Arbeitstisch und faltete das Wachstuch auf, als wenn es eine Schatzkarte enthielte. Für ihn, für den jungen Experten in Sachen Wetterkunde, war es in der Tat ja so etwas wie ein Schatz: Da lagen vierundzwanzig annähernd quadratische Rupfenstücke aufeinander, und jedes war mit Farbe in einem anderen Blauton bestrichen und am jeweils rechten unteren Rand mit einer Zahl versehen.

Kyanos ist griechisch, dachte er. Es heißt Blau.

Er würde dieses Zyanometer nicht benötigen. Auch seine Vorgänger hatten es nicht benutzt. Wissenschaftlich hatte es ausgedient. Hundert Jahre lang hatte man mittels eines solche Zyanometers die realen Himmelsfarben zugeordnet und versucht, daraus die Intensität der atmosphärischen Dünste, der Luftfeuchtigkeiten und sonstiges mehr abzuleiten. Das konnte er ihr schenken. Die wundervollen Farben – fremd, exotisch erscheinend so manche davon – würden ihr vielleicht Freude machen. An klaren Tagen konnte sie am gestreckten Arm die Stoffvierecke in den Himmel halten und schauen, welcher Ton dem Himmel am nächsten kam.

Er freute sich, etwas gefunden zu haben.

»Was machen wir heute?«, sagte er, als er wieder zu ihr in die Wohnstube trat. »Es ist Weihnachten. Aber es wird nicht leicht sein, Weihnachtsstimmung hervorzuzaubern. Kein Christbaum, keine Weihnachtsplätzchen, kein Stollen. Auch keine Christmette.«

»Sind Sie ein religiöser Mensch?«

»Religiös? So religiös man als wissenschaftlicher Mensch halt ist. Ich geh an den hohen Feiertagen in die Kirche, ich ess am Karfreitag kein Fleisch und ich halt mich in der Fastenzeit mit Mehlspeisen ein bisschen zurück.«

»Katholisch?«

»Katholisch.«

»Ich auch«, sagte sie. »Mein Mann war evangelisch. Wo er herstammte, waren alle evangelisch. Wahrscheinlich hätten Sie uns hierzulande gar nicht getraut. Wir sind nach Argentinien, zu mir nach Hause. Der Pfarrer hat auch die Nase gerümpft. Aber mein Mann hat für seine Kirche eine ansehnliche Spende bereitgehalten. Es ist ein großes Fest geworden ...«

Sie räumte die Putzsachen weg.

»Ich habe bisschen Ordnung gemacht. Damit es wenigstens ein wenig festlich wird. Ich schlage vor, Sie machen jetzt Ihre allfälligen Arbeiten. Und ich kümmere mich um etwas Gutes fürs Abendessen. Lassen Sie sich einfach überraschen. Einverstanden?«

Er genoss die Viertelstunde zwischen Tag und Dämmerung. Er genoss es, weit drüben, irgendwo jenseits der Grenze zur Schweiz, die Sonne hinter Bergspitzen versinken zu sehen. Wann immer das Wetter es zuließ, verbrachte er diese Minuten auf der Aussichtsplattform. Er hatte die dicke, pelzgefütterte Jacke an und eine Mütze aus Seehundfell auf dem Kopf. Die Ohrenklappen waren wunderbar warm und windfest. Dazu noch die dicken Stiefel, die lange die von unten aufsteigen wollende Kälte abzuhalten vermochten. Selbst bei zwanzig Grad unter null konnte er es so gut aushalten im Freien.

Wie ein Polarforscher komme ich mir vor, dachte er. Wie ein Polarforscher an Weihnachten.

Es waren die ersten Weihnachten, die er fernab von zu Hause verbrachte. Er dachte an seine Mutter, die abends das hell klingende Glöckchen am Christbaum läuten würde als Zeichen für die ganze Familie, vor allem freilich für die Enkelkinder, dass ein kleines scheues Christkind Geschenke abgegeben habe.

Er dachte an seinen Vater, dessen Kräfte in den letzten Jahren stark nachgelassen hatten. Die Hände waren zittrig geworden. Und der Rücken hatte sich gekrümmt, wurde zusammengezogen wie von starken Sehnen. Dabei war er doch erst zweiundsechzig.

Er dachte an seine Geschwister, an Weihnachten in ihren Kindertagen, und er sehnte sich nach dem warmen Licht hinter den Fenstern der Stadt, wünschte sich weg von der Wetterstation, hinunter ins Tal, zu den Menschen, zu einem ganz normalen Weihnachtsfest mit Christbaum, Kerzen, Bratäpfel- und Räuchermandlduft.

Ein paar Tränen liefen ihm über die kalten Wangen. Seinen Mund erreichten sie nicht, weil sie zuvor schon in der Kälte des frühen Abends erstarrten.

Ob ich ein religiöser Mensch bin?, dachte er. Eigentlich habe ich mir darüber nie große Gedanken gemacht.

Die Sonne war untergegangen. Aber sie hinterließ am Himmel ein Farbenspiel, wie man es nur fernab der Zivilisation so eindringlich erleben konnte. Dort, wo sie versunken war hinter den hintersten Bergen, strahlte noch immer ein helles Gelb. Dieses Gelb, das von Minute zu Minute an Leuchtkraft einbüßte, ging in östlicher Richtung in zarte Orangetöne über. Rosa und Violett schlossen sich daran an, verschwammen ineinander, erzeugten immer neue farbliche Nuancen und boten Anblicke von solcher

Schönheit, dass es für Straub fast schmerzhaft war, um die baldige Dunkelheit zu wissen.

Über ihm war der Himmel noch blau. Blau mit einem Anflug von Lila. Hell noch, aber doch schon dunkel genug, dass erste Gestirne am Firmament auszumachen waren.

Wenn er sich umdrehte und über die vielen Spitzen und Zacken am unendlich langen Grat der Höllenthalspitzen hinweg nach Osten blickte, dann konnte er schon jetzt, zu dieser frühesten Abendstunde sehen, dass der Saturn kraftvoll am Himmel stand.

Immer, wenn er diesen Planeten sah, glaubte er, dessen Ringe mit bloßem Auge erkennen zu können. Sein Verstand sagte ihm, dass es nicht möglich sei, dass er sich das nur einbilde. Aber irgendwie war dieser Himmelskörper, der als heller Punkt im Osten stand, unrunder – ja, das war die richtige Bezeichnung dafür: unrunder – als die anderen Sterne und Planeten. Wahrscheinlich war es wirklich nur Einbildung: Er hatte während seiner Studienjahre einmal Gelegenheit gehabt, in einer besonders klaren Nacht den Himmel durch ein ungeheuer großes Fernrohr zu betrachten. Und da waren die Ringe zu sehen gewesen, die den Planeten mittig umschlossen wie ein wundervoller Gürtel, scharf geschnitten und dabei schwebend, und die dem Saturn damit seine Unverwechselbarkeit verliehen.

»In zwanzig Minuten könnten wir essen«, drang Lidias Stimme zu ihm herauf. »Könnten Sie da soweit sein?«

Jetzt tat es ihm wohl, besonders wohl ihre Stimme zu hören. Und jetzt war er froh, dieses Weihnachten nicht alleine verbringen zu müssen.

8

Lidia hatte ein Weihnachtsessen zubereitet, das unter den gegebenen Umständen dem festlichen Anlass alle Ehre zu machen vermochte. Sie hatte in einem der Schränke ein helles Bettlaken gesucht, es mehrfach gefaltet und es damit zu einer Decke für den kleinen Tisch gemacht. Eine dicke, runde, zur Hälfte schon niedergebrannte Kerze spendete das einzige Licht in der Wohnstube und warf tanzende Schatten an die Wände. Der bullernde Ofen, an dem sie seit Stunden die Mahlzeit zubereitet hatte, verbreitete so starke Wärme, dass Straub einige Schwierigkeiten hatte, sich daran zu gewöhnen.

Lidia trat zu ihm heran, wünschte ihm »schöne Weihnachten« und wies ihm seinen Platz am Tisch. In den zwei Monaten, da er nun schon auf der Zugspitze lebte, hatte er sich beinahe daran gewöhnt, sein Essen beiläufig zu sich zu nehmen. Ein Teller oder ein Brett, ein Messer, ein Löffel, das hatte ihm meist genügt. Und es hatte ihm auch gar nichts ausgemacht, mehrfach vom ungewaschenen Geschirr zu essen. Das hatte sich gebessert, seit die Frau wieder auf den Beinen war und sich sehr darum bemühte, eine häusliche und geordnete Atmosphäre einziehen zu lassen. Aber dass gedeckt war wie in einem Speiselokal – zwar nicht wie in einem vornehmen, dazu stimmten die Voraussetzungen einfach nicht, aber immerhin so, dass die Teller von mehreren Gabeln, Messern und Löffeln gesäumt wurden und alles einen recht einladenden Eindruck machte – das war ihm in der letzten Zeit nicht mehr vorgekommen. Er hatte sich ja erstaunlich schnell damit abgefunden gehabt, dass die Mahlzeiten keinem Ritual mehr unterlagen, dass aus dem Speisen ein niedriger Akt der Nahrungsaufnahme, des bisweilen geradezu animalischen Fressens geworden war. So lange Lidia darnieder gelegen war, hatte er immer wieder Aufgewärmtes einfach aus dem grindigen Topf gelöffelt.

Und wie es nun duftete im ganzen Zimmer! Er sah die Frau mit staunenden Augen an.

»Was schauen Sie mich so an?«, sagte sie mit einem winzigen Lächeln.

»Schöne Weihnachten«, sagte er. Er legte den Kopf ein wenig zurück und sog den Duft durch die Nase ein. »Ich frage mich, was da so gut riecht. Haben wir überhaupt Lebensmittel, die so ein Aroma verbreiten könnten?«

»Setzen Sie sich einfach hin«, sagte sie. »Und lassen Sie sich überraschen.«

Als sie am Herd einen Topf zur Seite schob, sah er ihr Gesicht im Schein des Ofenfeuers. Da wirkte es anmutig und geheimnisvoll. Und die Augen schienen zu leuchten. Wenn Lidia in diesem Moment bemerkte, dass sie beobachtet wurde, so tat sie es unbewusst, nahm nicht wirklich Notiz davon. Sie war ganz darauf konzentriert, das mit viel Achtsamkeit zubereitete Mahl nun auch gefällig zu servieren. Sie füllte zwei Suppenschalen und brachte sie an den Tisch und stellte sie auf die flachen Teller. Während sie die Schürze abnahm – einen Männerschurz, den sie im Turm gefunden hatte – wünschte sie guten Appetit. Würziger Dampf stieg von den Schüsseln auf, die eine Art Eintopf enthielten.

»Ach«, sagte Lidia. »Wir haben ja noch gar nichts zu trinken.« Sie sprang auf, holte eine Flasche roten Weins, den sie unweit des Ofens ein wenig temperiert hatte und sagte: »Wären Sie so freundlich ...«

Er öffnete die Flasche und schenkte die schlichten Wassergläser bis knapp zur Hälfte voll. Wie schade, dachte er, dass wir keine richtigen Weingläser haben. Und auch keinen besonderen Wein. Die Weine aus dem Süden Tirols hatte er nie besonders gemocht. Zu leicht, zu dünn, zu wenig gehaltvoll. Da trank er dann lieber ein Bier. Aber an so einem Abend ...

»Noch mal«, sagte sie. »Ich wünsche Ihnen schöne Weihnachten.«

»Ganz meinerseits«, sagte er. Sie stießen die Gläser leise aneinander, ohne dass es einen schönen Klang ergeben hätte, sahen sich einen Moment lang in die Augen und tranken dann einen kleinen Schluck.

»Ihnen auch schöne Weihnachten.«

»Danke«, sagte Lidia. »Aber jetzt guten Appetit, damit uns der erste Gang nicht gleich kalt wird.«

Er schmeckte Bohnen in der Suppe, Speck, Hartwurst, Kümmel. Eigentlich ein ganz gewöhnlicher Bohneneintopf. Und doch war er anders. Dieser erste Gang war scharf gewürzt, wahrscheinlich mit ungeheuer viel Pfeffer. Und er schmeckte außergewöhnlich, scharf, süß und angenehm säuerlich zugleich. Solch einen Bohneneintopf hatte Straub noch nie gegessen.

Lidia schaute ihm zu, wie er die ersten Löffel voll in den Mund schob, wie er ganz offensichtlich versuchte, das Geheimnis ihrer Rezeptur zu erschmecken, und sie versuchte, in seinem von der Kerze flackernd erleuchteten Gesicht abzulesen, ob es ihm schmeckte – oder etwa nicht?

»Zitrone«, sagte sie. »Der Saft von zwei Zitronen, viel Pfeffer und dazu noch scharfes Paprikapulver. Man findet so einiges, wenn man sonst nichts zu tun hat.« Sie sah ihn an. »Schmeckt es?«

»Oh ja, sehr. Ich muss mich vielleicht noch ein wenig an die Schärfe gewöhnen. Aber es schmeckt so gut, wie es riecht. Wundervoll, wirklich wundervoll.«

Zunge und Gaumen gewöhnten sich mit jedem Löffel mehr an die starke Würze. So etwas Gutes hatte er seit langem nicht mehr gegessen. Es war köstlich, rätselvoll und verführerisch. Und doch nur ein Bohneneintopf.

Straub sah Lidia immer wieder an. Voller Bewunderung. Aber natürlich so, dass sie es nicht merkte.

Was natürlich nicht gelang. Ein junges Mädchen hätte es gemerkt; sie war eine reife Frau, wie hätte sie seine Blicke nicht spüren sollen. Und irgendwie genoss sie es. Wenngleich sie realistisch genug war, um sich eingestehen zu können, dass dieser Anselm Straub, keine dreißig Jahre alt, sie unter anderen Umständen gar nicht wahrgenommen hätte. Nur hier, nur auf dieser einsamen Insel ...

Es wurde ein langer und durchaus angenehmer Abend für die beiden Bewohner der meteorologischen Station. Sie ließen sich reichlich Zeit zwischen den kulinarischen Gängen. Zeit, die sie damit zubrachten, sich von ihren Leben mehr zu erzählen, als sie es bislang getan hatten. Hier, in der Einsamkeit, war die Biographie des jeweils anderen höchst interessant. Ob sie sich ansonsten für den noch ziemlich kurzen Lebensweg des Anselm Straub interessiert hätte? Herkunft, Eltern, Schule, Studium, Begeisterung für den Beruf. Allenfalls noch sein »Verhältnis« hätte sie neugierig zu stimmen vermocht. Seine Liaison mit dieser Elisabeth, die er doch, so glaubte sie herauszuhören und herauszuspüren, gar nicht so sehr liebte.

Oder dass es ihn interessiert hätte, wie sie ein herrschaftliches Haus zu führen hatte? Eher schon ihre ihm exotisch erscheinende Herkunft. Und dann war da noch ihre Reiselust. Sie war schon eine staunenswerte Person.

Und so ging ihnen der Gesprächsstoff nicht aus, ganz im Gegenteil. Je mehr sie tranken vom welschtirolerischen Wein, desto leichter ging ihnen ihr Leben über die Lippen. Und dazwischen ließen sie sich schmecken, was Lidia auf dem Herd gezaubert hatte. So hatte sie ein Stück geräuchertes Schweinefleisch mit einem Mantel aus Mehl und Brotkrumen überzogen, das Ganze in einer Soße aus Bier, Schnaps und Korinthen schmoren lassen, um es, angereichert mit einigen Kartoffeln, als Hauptgang zu reichen und damit den Wetterwart aufs Neue in Erstaunen zu versetzen.

Straub schmeckte es sichtlich. Immer wieder wischte er sich die Soße mit dem Handrücken ab, was einen zugleich ungehobelten und genüsslichen Eindruck machte. Ein Mann halt, dachte Lidia. Jung und vital und noch ungeschliffen. Ein großer Junge. Mit roten Wangen, strubbeligem Haar, mit Augen, die noch nicht müde sind, mit einem festen Gebiss und mit starken Händen, kraftvoll, aber nicht derb. Sie mochte seine Hände. Mit diesen Händen hatte er sie schließlich gerettet und gepflegt, ihr Tee eingeflößt und Nahrung mit dem Löffel eingegeben. Er hatte sie entkleidet mit ihnen, gewaschen und in warme Decken gehüllt. Ihr war, als seien seine Hände der eigentliche Spiegel seiner Seele: Zupackend und sanft, männlich und kindlich, kraftvoll und zärtlich.

So ein Unsinn, dachte sie bei sich. Ich sollte keinen Wein mehr trinken. Wirkt hier in der Höhe scheinbar noch intensiver als im Tal.

»Ich hab natürlich nichts Richtiges zu Weihnachten für Sie«, sagte Straub, der gut gesättigt den Teller ein Stück von sich schob, vom Wein trank und dabei einen fettigen Abdruck am Rand des Glases hinterließ. »Nur eine Kleinigkeit ...«

»Aber ich bitte Sie ...«, wollte Lidia einwenden. »Wie kämen Sie auch dazu, mir etwas ...«

»Es ist wirklich nur eine winzige Kleinigkeit«, sagte er. »Nicht der Rede wert.«

Er schob ihr sein kleines Päckchen über den Tisch und sah ihr gespannt zu, wie sie das schwarzgraue Wachstuch entfaltete und die blauen Stoffstücke herausnahm. Er sah ihren fragenden Blick, und er musste über ihre Ratlosigkeit lächeln.

»Das ist ein Zyanometer«, sagte er ihr. Und er beschrieb, was man damit machen konnte. »Für mich als Meteorologen ist es zu nicht mehr viel nütze«, sagte er. »Aber für dich ist es ein kleines Spiel. Ein Himmelspiel.«

Habe ich Du zu ihr gesagt, dachte er und verlor den Faden seiner Ausführungen.

Er hat Du zu mir gesagt, dachte sie und lächelte still in sich hinein.

»Jetzt«, sagte er und griff den verlorenen Faden wieder auf, »jetzt kann man natürlich gar nichts damit anfangen. Aber morgen, wenn es Tag ist und der Himmel blau ... und ich bin mir sicher, dass es morgen schön ist, dann lässt sich mit dem Zyanometer das Blau bestimmen ...«

»Wir könnten hinausgehen«, sagte sie, »und nach dem Wetter sehen. Ob Sie Recht haben. Und überhaupt: Ich mag die Berge auch bei Nacht.«

»Sie sind schon eine verrückte Person«, lachte Straub, der sie jetzt zwar wieder siezte, der sich aber in ganz nüchternem Zustand nie zu einer so ungebührlichen Aussage hätte hinreißen lassen.

Eine verrückte Person bin ich also, dachte Lidia. Und sie merkte, dass sie sich schon lange nicht mehr so wohl gefühlt hatte wie an diesem Abend.

»Lass uns hinaufgehen«, sagte sie, stand auf, zog ihre Bergjacke an und nahm zwei Decken von ihrer Schlafstatt, eine für sich und eine für ihn. Die ihre legte sie über Kopf, Schultern, Rücken und hielt sie vorne zusammen. Die andere gab sie Straub.

»Jetzt, wo wir so lange in der warmen Stube gesessen sind, wird uns draußen jämmerlich kalt sein. Wir werden froh sein um die Decken.«

Sie zogen sich die Bergstiefel an und stiegen hinauf ins Arbeitszimmer und durch die Luke hinaus – direkt in den Himmel. Eisig war die Nacht, und die Sterne funkelten wie Edelsteinsplitter auf schwarzem Samt. Lidia konnte sich nicht entsinnen, jemals einen so atemberaubend eindrucksvollen Nachthimmel gesehen zu haben. Die Milchstraße schien näher gerückt. Der Große Bär stand so deutlich am Himmel, dass sie gar nicht suchen brauchte. Blick und Erkennen waren eins. Und der Orion: wie eine umgefallene Sanduhr lag er im All, unverkennbar für jeden, der auch nur im Geringsten mit der Natur vertraut war.

»Ich kenne mich mit den Sternen nicht gut aus«, sagte sie zu Straub. »Aber den Orion kenne ich. Irgendwie ist es mir jedes Mal eine Freude, wenn ich ihn sehe. Schade, dass der Mond nicht da ist ...«

»Vielleicht ist es ganz gut, dass er nicht da ist«, sagte Straub. »Wir würden die Sterne nicht so gut sehen können, wenn er mit seinem Licht alles überstrahlen würde. Und die Berge sieht man ja so auch.«

Ja, es war sonderbar: Es war Nacht, der Mond stand nicht am Himmel, und doch zeichneten sich die Silhouetten der umliegenden Bergzüge klar konturiert vor ihren Augen ab. Lidia vermochte Felskanten und verschneite Flanken zu unterscheiden, sie sah inmitten jäher Steilabstürze Stufen und Bänder, auf denen der Schnee sich halten konnte, sie sah eisige Rinnen, die wie Rutschbahnen für Riesen wirkten, und sie sah das schier endlose Weiß, das sich vom Zugspitzplatt ausbreitete bis zu den

Gipfeln der Berge, die allesamt niedriger waren als ihr Standort.

»Es ist einfach unglaublich«, sagte sie, »wie hell es hier ist. Wie spät haben wir es jetzt? Elf? Später? Schon fast zwölf? Wie die Zeit heute vergangen ist ... Und zu dieser Stunde ist es so hell, dass man jeden Berg, jeden Felsen erkennen kann.«

In der eisigen Luft stiegen ihre Atemfahnen wie Rauch auf. Lidia fröstelte, und auch Straub trat von einem Fuß auf den anderen. »Wollen Sie lieber wieder rein?«

»Nein, lass uns noch bleiben. Ich kann mich nicht satt sehen an dieser Nacht. Die Berge, die Sterne, es ist einfach wundervoll ...«

Sie bewegte sich auf der Plattform, die Straub Tag um Tag vom Schnee befreit hatte, im Kreise, langsam zunächst, dann immer schneller, so als würde sie tanzen – und das tat sie ja auch: Sie tanzte aus diesem Weihnachtsabend und durch die Nacht in den nächsten Morgen. Tanzte und drehte sich und drehte sich und sah dabei in den Himmel und lachte, lachte leise, lachte laut, und drehte sich weiter und weiter, bis sie ...

Straub sah sie taumeln, sah, wie sie das Gleichgewicht verlor, wie sie versuchte, sich am Geländer des Aussichtsturmes zu halten, sah, wie ihr Griff ins Leere ging und ...

Er konnte sie fangen, bevor sie zu Boden sank.

»Was ist los?«, rief er. »Was ist mit dir?«

Die Zeit schien rückwärts zu laufen! Das konnte doch nicht wahr sein. Es war wie damals, vor Wochen, als er die Frau gefunden hatte, als er sie besinnungslos im Schnee liegen sah. War es wie damals? Oder war das ein neuer Schock? Hatte sie sich nach den Strapazen und der nicht hinreichenden medizinischen Versorgung zu viel zugemutet? Würde sie doch noch ... ja, würde sie sterben?

Ich habe mich so an dich gewöhnt, dachte er. Ich mag dich. Verdammt noch mal ich mag dich. Mag deine Augen, dein Gesicht, wie du kochst, wie du gehst, dein Lachen, deine Stimme, ja, deine Stimme vor allem ... Und du tust mir jetzt den Gefallen, altes Mädchen, und entscheidest dich fürs Leben, und zwar mit einem klaren und deutlichen Ja ... verstehst du, gnädige Frau ... Leben. Leben!

»Nichts«, flüsterte Lidia. »Nichts. Mir ist nichts, Nur eine kleine Unpässlichkeit. Zu viel Wein, zu viel Höhenluft. Aber es geht schon wieder. Ich kann alleine gehen, wirklich.«

Sie rappelte sich hoch, er stützte sie, fasste sie am Arm und um die Taille und führte sie vorsichtig die steile Stiege hinab. Sie kicherte wie ein Schulmädchen. Straub war froh, dass ihre Unpässlichkeit wohl doch nur dem Alkoholgenuss zuzuschreiben war. Und genauso froh war er darüber, dass er das eben noch Gedachte nicht ausgesprochen hatte.

Wäre ja auch zu peinlich, ging es ihm durch den Kopf.

Was würde sie von mir denken.

Sie kicherte.

Als sie die Stube erreichten, wollte er sie zu ihrem Bett bringen. Aber sie sträubte sich dagegen. »Ich will noch nicht schlafen«, sagte sie. »Wir haben ja noch nicht mal unsere Nachspeise gehabt.«

Sie hatte zwei Äpfel zum Braten vorbereitet. Das Kerngehäuse herausgebohrt und die so entstandenen Röhren mit klein gehackten Nüssen, schnapsgetränkten Korinthen und Honig gefüllt. Sie musste die Äpfel nur mehr auf den Herd stellen; in zwanzig Minuten wären sie so weit.

»Ich mach uns jetzt noch wunderschöne Bratäpfel, ganz süß und sauer. Ja?«

Straub wollte ablehnen, man habe ja schon genug gegessen und die Äpfel könnte man ja auch morgen ...

Aber sie ließ den Widerspruch nicht zu.

»Wir trinken jetzt noch ein Schlückchen Wein und dazu wärm ich mir die Füße am Ofen ...«

»Du solltest wirklich nicht ...«

»Bist du mein Vater oder was«, lachte sie ihn an. »Eher könnte ich deine Mutter sein. Also, sag mir nicht, was ich tun darf und was ich lassen muss.«

Sie streifte sich die Bergstiefel ab und wollte die Füße gegen die Seitenwand des Ofens stemmen, dort, wo er zwar gut warm aber auch nicht zu heiß war. Aber da kniete sich Straub vor sie auf den Boden, rollte ihr die dicken Strümpfe über die Knöchel und begann, ihre Füße zu massieren. Erst den einen, dann den anderen. Und dann wieder den einen.

»Deine Füße sind ja wirklich eiskalt«, sagte er. »Dabei waren wir doch gar nicht so lange im Freien.«

»Macht doch nichts«, sagte sie und nippte vom Wein. »So geschickt wie du das machst, sind sie bald wieder warm. Dabei hoffe ich, dass es noch lange dauert ... du bist ein Schwerenöter, gib es zu ... du hast schon so manches Mädchen verwöhnt ...«

Er senkte den Blick. Er glaubte zu spüren, dass er im Gesicht knallrot wurde. Außerdem wurde sein Glied in Sekundenstelle so steif, dass es schon fast wehtat.

»Erzähl mir was von deinen Freundinnen«, sagte sie. Und sie trank wieder einen Schluck, den einen Fuß, der gerade nicht massiert wurde, stemmte sie sanft gegen Straubs Schulter und kitzelte ihn ganz leicht mit ihren Zehen.

»Genieren Sie sich nicht, Anselm ... ach so, wir sind ja jetzt per Du ... komm, mein Junge, genier dich nicht ... erzähl mir was ...«

Straub fragte sich, wie er mit dieser Situation umgehen sollte: Die Frau hatte zu viel getrunken, das stand fest. Er begehrte sie, das stand ganz spürbar fest. Sie wusste nicht, was sie sprach. Und was sie da anstellte, dessen war er sich gewiss, würde sie morgen nicht mehr wissen oder aber sie würde es bitterlich bereuen.

»Es ist wirklich immer wieder erstaunlich«, sagte er, um sie auf eine andere Fährte zu locken, »wie hell es nachts oberhalb der Baumgrenze ist. Ich habe es einmal ganz hautnah erfahren – und es ist mir für immer unvergesslich. Es war vor drei Jahren ...«

Lidia hörte auf zu lachen. Sie mochte Geschichten. Das schien ihr im Blut zu liegen, ein Erbe ihrer ibero-amerikanischen Vorfahren, deren Blut wiederum sich vermischt hatte mit dem der indianischen Ureinwohner Argentiniens. Sie war geboren auf einem Kontinent, der einem Urwald aus Geschichten glich, wahren, unwahren, phantasierten und abergeglaubten, überlieferten und erlogenen.

»Was ist passiert?«, fragte sie, und sie nahm wieder einen Schluck Wein. Der ganze Raum hatte bereits nach heißen Äpfeln zu duften begonnen.

»Es war ein Novembertag ohne Schnee. Noch nachmittags um drei habe ich mich auf den Weg gemacht, drüben in Mittenwald. Ich war allein. In drei Stunden, also außergewöhnlich schnell, bin ich hinauf bis zur Brunnsteinspitze. Bis fünf war es hell, aber am Gipfel war es schon schwarze Nacht. Aber das war ja egal, ich hatte ja meine Sturmlampe im Rucksack. Ich konnte also dort oben sitzen, eine warme Jacke an, mein Brot essen und ein Stück Käse, das Wasser trinken, das ich mir mitgenommen hatte. Und ich konnte in den Dörfern am Fuß des Berges und sogar nach im tirolerischen Inntal Lichter sehen. Eine ganz besondere Stimmung. Fast wie hier auf unserem einsamen Berg. Nur dass es dort droben keinen Unterschlupf gab ...«

Ihre Füße waren warm geworden. Er streifte ihr die Strümpfe wieder über, stand auf und ging zum Herd.

»Weitererzählen!«, sagte sie. »Bitte.«

»Wir sollten aber jetzt unsere Bratäpfel essen«, sagte er. »Ich glaube, die sind jetzt so weit.«

Aber Lidia schüttelte nur den Kopf.

»Keinen Bratapfel mehr. Ich mag keinen Bratapfel mehr. Sei mir nicht böse.« Sie raffte sich aus dem Stuhl hoch. Ich möchte mich jetzt lieber hinlegen. Ich leg mich auf mein Bett. Iss du deinen Bratapfel und meinen auch. Und erzähl mir bitte noch deine Geschichte zu Ende.«

Straub brachte Lidia zu ihrem Bett, wo sie sich angekleidet ausstreckte. Er legte ihr eine Decke über und erzählte ihr seine Geschichte weiter.

»Ich war also dort oben, mutterseelenallein, am Beginn einer Nacht, die eisig werden würde. Als ich mich für den Abstieg fertig machte, bemerkte ich, dass ich die Lampe gar nicht dabeihatte. Im Gasthof zu Mittenwald, von wo ich aufgebrochen war, ohne eine Nachricht über mein Vorhaben zu hinterlassen, da hatte ich sie noch in der Hand gehabt. Und ich war überzeugt gewesen, sie wirklich eingepackt zu haben. Ein fast verhängnisvoller Trugschluss.«

Er sah Lidia an. Sie lächelte. »Weiter«, sagte sie.

»Zunächst dachte ich, dass es gar kein Problem sein würde. Es war eine Nacht wie heute, ohne Mond, und doch ganz hell. Ich sah die hintereinander gestaffelten Bergketten des Karwendels, sah bis tief hinein in die Täler. Ich konnte meinen Weg ohne Schwierigkeiten erkennen, sah jeden Stein und jede Stufe – obwohl der Anstieg schon den guten Berggeher braucht. Was ich noch nicht ahnte: So hell war es nur oberhalb der Baumgrenze, wo keine Kiefer, keine Lärche, keine Tanne dunklen Schatten warf. Aber die Einsicht kam! Als ich ziemlich unvermittelt aus der Latschenzone in die Waldzone eintrat, sah ich mit einemmal die Hand nicht mehr vor Augen. Nichts, wirklich nichts. Alles war schwarz. Was war zu tun?«

Lidia atmete gleichmäßig. Sie merkte nicht mehr, dass Straub seine Erzählung unterbrochen hatte. Sie war eingeschlafen, berauscht vom Wein und vielleicht auch vom angenehmen und unterhaltsamen Weihnachtsabend. Er sah sie an. Ihre dunklen Haare wellten sich neben den Wangen, ihr Mund stand ganz leicht offen und sie schien sogar ein wenig zu lächeln.

»Dann schlafen Sie gut, Frau Baronin«, spottete Straub ganz leise.

Er hätte sich zu gern zu ihr gelegt, um ihr Lächeln neben seinem Gesicht zu ahnen.

Stattdessen nahm er den Kerzenhalter und stieg hinauf in sein Arbeitszimmer, das ihm ja längst auch zur Schlafstatt geworden war.

Als er auf seinem Bett lag, dachte er an seine fatale nächtliche Bergtour vor drei Jahren. Er erinnerte sich, wie er auf Knien den Pfad hinabrutschte und mit den Händen tastend den Weg von der unendlichen Bergnatur zu unterscheiden versuchte.

Nur nicht an die Frau denken, dachte er. Die Dämonen verjagen. Dabei waren sie längst in ihm drinnen. Und in ihr ja auch. Aber was hätte Anselm Straub, dieser unerfahrene junge Mann, davon schon wissen können?

9

Den ersten Beischlaf vollzogen sie eine Woche später, in den allerersten Stunden des neuen Jahres.

Der Silvesterabend war rau und stürmisch gewesen. Am Nachmittag bereits waren düstere Wolken aus der Schweiz herübergezogen und starker Wind hatte am Wetterturm gerüttelt. Als das letzte Licht allmählich schwand, waren die umliegenden Bergspitzen in den Wolken versunken. Und ein dunkler Himmel lag so bleiern schwer auf dem hohen Berg, der Zugspitze, als wäre es die letzte aller Nächte.

»Kein Grund zur Sorge«, hatte Straub gesagt. »Das zieht durch und schwächt sich ab. Aber wir werden Schnee bekommen heut Nacht. Ich spür das beim Pi...« Die letzte Silbe verschluckte er gerade noch so.

Straub hatte Recht behalten: Der Wind hatte bald abgeflaut, dafür aber hatte Schneefall eingesetzt, der von Stunde zu Stunde dichter geworden war. In ihrer Wohnstube herrschte eine behagliche Atmosphäre. Es war gut geheizt, auf dem Grammophon drehten sich nacheinander die Musikplatten, und nach einem leichten Abendessen – diesmal ohne ein Übermaß an Wein – hatten sie einer Beschäftigung gefrönt, die sie einige Tage zuvor für sich entdeckt hatten: Sie lasen sich gegenseitig vor.

»Der Schatz im Silbersee. Hast du das jemals gelesen?« Lidia ließ die Buchseiten durch die Finger flirren.

»Den nicht. Andere Karl Mays. Winnetou, alle drei Bände. Ich wusste nicht, dass er noch mehr geschrieben hat.«

»Den habe ich hier im Regal gefunden. Ganz schön zerlesen. Ich habe lange keinen May mehr gelesen. Aber jetzt wäre ja eigentlich wieder Gelegenheit dazu. Hör mal, wie es anfängt.«

Sie war mit ihrem Stuhl näher an ein Fenster herangerückt und hatte im freundlichen Licht der Nachmittagssonne zu lesen begonnen:

»Erstes Kapitel. Auf dem Arkansas River. – Es war um die Mittagszeit eines sehr heißen Junitags, als der ›Dog-fish‹, einer der größten Passagier- und Güterdampfer des Arkansas, mit seinen mächtigen Schaufelrädern die Fluten des Stromes peitschte ...«

Zunächst hatte sie vorgelesen, dann ihn um Ablösung gebeten, und so hatten sie fortan manche freie Viertelstunde damit zugebracht, die unglaublich spannenden Abenteuer des Old Firehand zu verfolgen, Seite um Seite, Schuss um Schuss.

Straub mochte ihre Stimme. Die Tiefe darin, das etwas raue Timbre. Sie schien nicht aus dem Kehlkopf zu sprechen, und er glaubte, dass nicht ihre Stimmbänder vibrierten, sondern irgendetwas, das tiefer lag, auf halber Höhe zwischen Nabel und Brüsten vielleicht.

Stundenlang hätte er ihr zuhören können, aber so langen Hörgenuss gestand sie ihm nicht zu. Nach zwanzig Minuten schon schob sie ihm, den Finger auf einem markanten Absatz, das Buch zu und forderte ihn auf, jetzt seinen Teil zur allmählichen Erhellung der Geschichte beizutragen.

So lasen sie also. Und wenn sie nicht lasen, dann lebten sie nebeneinander her wie ein Ehepaar, das schon lange zusammen war: Sie kümmerte sich um den Haushalt, kochte, wusch, schaffte Ordnung und eine gewisse Behaglichkeit, und tat all dies besser, als sie selbst es sich bis vor kurzem zugetraut hätte. Er kümmerte sich gewissenhaft um seine meteorologischen Tätigkeiten, daneben um diverse Aufgaben zur Instandhaltung und Wartung der Station. Das begann mit dem Schneeschaufeln und reichte hin bis zu Arbeiten, die ein gewisses handwerkliches Geschick erforderten. Immer wieder beschädigten Höhenstürme die Schindelwände, der heftige Frost verzog die Eingangstüre, sodass sie sich nur mehr mit Anstrengung öffnen und schließen ließ oder es drang Feuchtigkeit in sein Arbeitszimmer, insbesondere dann, wenn die Sonne die Aussichtsplattform vor der Zeit erwärmte und den Schnee zum Schmelzen brachte. Ihr Zusammenleben verlief harmonisch, zumindest bisher, und es machte den Eindruck, als hätten sich die beiden wirklich eingelebt in ihrer Umgebung und ihrer Lebensgemeinschaft.

»Heute bist du dran«, hatte sie gesagt.

So hatte er denn zur dunkelgrün gebundenen Ausgabe gegriffen, Band sechsunddreißig, und dort aufgeschlagen, wo Lidia eine Vogelfeder eingelegt hatte.

»Der Indianer rannte fort. Die vier befestigten die Zügel ihrer Pferde an die Bäume und schritten dann so schnell wie möglich dem Lager der Tramps zu.«

»Da waren wir schon«, hakte sie ein. »Das hab ich schon gelesen.«

Der richtige Einstieg in die Geschichte war ein paar Absätze weiter und schnell gefunden:

»... Von dem Augenblicke, an welchem Old Firehand den ersten Streich geführt hatte, bis zur Flucht der unverwundeten Tramps war nicht eine ganze Minute vergangen. ›Ihnen nach!‹ rief Old Firehand ...«

Aber Lidia unterbrach ihn ein weiteres Mal.

»Warte noch«, sagte sie. Sie rückte auf ihrem Bett, das ursprünglich ja seines war, zur Seite, sodass Platz war für ihn und bat ihn zu sich.

»Komm her. Setz dich zu mir. Es ist so ein besonderer Abend. Und da will ich spüren, dass ich nicht allein auf der Welt bin.«

Er setzte sich zu ihr, das Buch vor der Nase, die Beine am Boden und mit den Gedanken fast schon fern – fern im amerikanischen Westen, der ihn schon gefesselt hatte, als er erstmals einen Roman von May gelesen hatte. Das war zu der Zeit, da er seine Reifeprüfung mit Erfolg abgelegt und sich an der Universität eingeschrieben hatte. In seinem ach so steten Leben war ihm diese Lektüre wie eine imaginäre Reise in eine greifbarere und auch handgreiflichere Welt erschienen.

»Du musst nicht dasitzen wie ein Schuljunge«, sagte Lidia. »Du wirfst dir ja beim Lesen selbst Schatten und verdirbst dir noch die Augen. Komm rein zu mir.«

Straub fühlte sich unsicher, wusste nicht, was zu tun war. Es erschien ihm einfach ungehörig, die Schuhe auszuziehen und sich an sie zu drängen. Ungehörig und zugleich verlockend ...

Nein zu sagen kam natürlich genauso wenig in Frage. Was würde sie von ihm denken? Wie herzlos und wie uncharmant würde er wirken in ihren Augen? Wie kindisch? Wie unmännlich?

Er trat sich die Filzpantoffeln von den Fersen und setzte sich zu ihr ins Bett, den Rücken gegen das Kissen am Kopfteil gelehnt, die Beine ausgestreckt.

»So ist es besser«, sagte sie. Sie rollte sich ein wenig zusammen und legte ihren Kopf auf seinen linken Oberschenkel. »Und jetzt lies weiter«, sagte sie. »Ich hör dir gerne zu.«

Doch kaum hatte er wieder zu lesen begonnen, wobei ihm das Konzentrieren auf die engen Buchstaben nicht nur wegen des unruhigen Scheins des Kerzenlichtes schwerfiel, unterbrach sie ihn auch schon wieder.

»Denkst du eigentlich oft an deine Verlobte?«, fragte sie ihn und schaute ihn unverwandt ins Gesicht. »Ich meine ... du als Mann ... und so allein hier heroben ...«

Straub wusste nicht, was zu sagen wäre. Er dachte nicht oft an Elisabeth.

In den ersten Tagen hatte er mehr an die Frau auf der Kunstpostkarte gedacht als an seine Verlobte. Und in den letzten Tagen hatte er oft an Lidia denken müssen. Wenn er auf der Aussichtsplattform stand oder wenn er abends allein in seinem behelfsmäßigen Bett lag.

Dabei war es ihm stets sonderbar vorgekommen, dass er sich von der Vorstellung von einer fünfzehn Jahre älteren Frau erregen lassen konnte.

Hätte ihn noch vor ein paar Monaten jemand gefragt – am besten ein Freund, dem man sein Herz öffnen konnte und dem man auch Erotisches nicht unbedingt verheimlichen musste – was in seinen Augen denn das richtige Alter der für ihn passenden Gefährtin wäre, so hätte er im Brustton der Überzeugung gesagt: neunzehn, zwanzig. Auch ein paar Jahre älter. Aber nicht älter als vierundzwanzig. Allerhöchstens fünfundzwanzig.

Lidia war zweiundvierzig. Sie hatte ihren Kopf wieder auf seine Schenkel gelegt und sagte:

»Sprichst nicht gern darüber, was? Musst du ja auch nicht. Ich hab mir halt auch meine Gedanken gemacht ... habe die Postkarte gefunden ... in der Schublade ... die mit der Nackigen drauf ...«

Am liebsten wäre er aufgestanden und hätte sich an den Tisch gesetzt. Er fühlte sich so jung, so klein neben Lidia.

Aber da gab es noch die andere Stimme in ihm. Du musst ihr übers Haar streichen, sagte diese Stimme. Ist doch nichts dabei. Eine kleine, liebe Geste unter guten Freunden.

Und gute Freunde, dachte er, gute Freunde sind wir doch. Oder?

Und dann gab er Lidia eine Antwort. Zaghaft zunächst, bald aber selbstbewusster, sich und seiner Sache sicherer.

»Nein ... es macht mir nichts ... ich meine, es macht mir nichts, darüber zu reden ... Ich hätte nicht geglaubt, dass ich in der Einsamkeit am Berg die Bindung zu ihr verliere, zu Elisabeth. Das Gegenteil hatte ich erwartet: dass ich vor Sehnsucht vergehe, dass die Beziehung, unsere Beziehung, trotz oder gerade wegen der räumlichen Distanz noch intensiver werden würde. Aber ich habe mich auf Anhieb mit dem Alleinsein angefreundet. Elisabeth hat mir nie wirklich gefehlt.«

»Dann stör ich dich eigentlich nur hier oben. Ist es nicht so?«

Er schwieg. Nicht lange, aber lange genug, dass sie zweifelnd den Kopf von seinen Beinen hob und ihn ansah.

Er begegnete ihrem Blick, der ernst war. Die gerade noch zur Schau gestellte Heiterkeit, das Schelmische und Anzügliche, war daraus gewichen.

»Nein«, sagte er mit fester Stimme. »Mit dir ist es anders.« Und als er ein hauchzartes Lächeln in ihrem Gesicht bemerkte, fügte er hinzu: »Dich vermisse ich ja schon, wenn ich eine halbe Stunde vor dem Haus das Holz umschlichte ...«

Er hatte das Buch zur Seite gelegt, es zugeschlagen ohne darauf zu achten, wo die Lektüre fortzusetzen wäre. Mit beiden Händen berührte er Lidias Kopf. Ihr Haar fühlte sich kräftig an, sogar ein bisschen störrisch. Das machte ihm nichts aus. Für ihn war es ein herrliches Gefühl, ihr mit leicht gespreizten Fingern durch die Haare zu fahren.

Und er war froh, dass sie es sich gefallen ließ. Mehr noch, dass sie es zu genießen schien. Sie lag so auf seinem Schoß, dass sie den Nacken überstrecken musste, um zu ihm hochsehen zu können. Ihr Hinterkopf presste sich dabei noch fester auf seine Schenkel. Eines ihrer Beine winkelte sie an, das andere streckte sie langsam immer mehr aus, so als würde sie sich durch die Zärtlichkeit des Wetterwarts mehr und mehr entspannen.

»Oh, das tut gut«, sagte sie. Mehr nicht.

Eine Zeit lang blieben sie in dieser entspannten Stellung, Straub bequem angelehnt, die Frau genussvoll an sich spürend, Lidia behaglich hingefläzt, auf den Decken und halb unter ihnen, wie eine Katze die Wärme und die Geborgenheit genießend.

Ganz langsam strich ihr Straub durchs Haar. Mit den Spitzen seiner Mittelfinger, Zeigefinger und Daumen befühlte er sanft ihre Ohren, die weich abgerundeten Kuppen, er erforschte ihre Ohrmuscheln, erkundete, ohne hinzusehen, die darin verborgenen Rinnen, Vertiefungen, Ränder und Kuppen.

»Nicht aufhören«, sagte sie.

Ganz vorsichtig, für Lidia nur noch gerade so spürbar, betastete er die Stellen vor den Ohren, wo zarter Flaum den Übergang zu ihren Wangen andeutete. Er ließ die Mittelfinger über die markanten Wangenknochen kreisen und er sah dabei, wie Lidia ihre Augen schloss und wie ihre Finger mit den Decken spielten.

»Schön ist das«, sagte sie. »Das machst du wunderschön«.

Er massierte ihr die Wangen, überquerte Fältchen, als wären es winzige Spalten in einem Gletscher en miniature und verharrte kurz an einem dunklen Punkt, den sie zwei Fingerbreit vom rechten Mundwinkel wie ein Schönheitsmal trug, um dann zu ihren Lippen zu streichen.

Kühl fühlten sich ihre Lippen an, kühl und ein wenig furchig, so als wären sie von feinen Kerben durchzogen. Jetzt schloss auch er die Augen, gab sich ganz seiner tastenden Erkundung hin: Wie ein Blinder wollte er sehen.

Sie hauchte ihren warmen Atem gegen seine Fingerkuppen. Sie bewegte die Lippen, aber nur ein wenig. Dann öffnete sie ihren Mund, ganz plötzlich, dass einer seiner Finger unwillkürlich den Halt verlor und in den Abgrund stürzte. Aber er konnte nicht weit fallen und nicht hart – mit ihrer Zunge federte sie den Finger ab und schob ihn spielerisch wieder aus sich raus.

Es machte Spaß, dieses Spiel. Er ließ nicht mehr ab von ihren Lippen, ihren Zähnen, ihrer Zunge. Er lockte und ließ sich erheischen, ließ sich sanft beißen von Lidia, anknabbern und wieder verjagen.

Doch dann setzte sie sich abrupt auf. Kein Lächeln mehr, dafür eine Wehmut im Blick, die ihm nicht gefiel.

»Wir sollten das lassen«, sagte sie. »Du bist verlobt. Ich bin eine Witwe. Außerdem ...«

»Was außerdem ...?«, sagte er.

»Ich bin viel zu alt für dich.«

»Bist du nicht«, sagte er. »Bist du überhaupt nicht. Und was meine Verlobte angeht ...«

Aber Lidia ließ ihn nicht aussprechen.

»Für was hältst du mich eigentlich?« Ihre dunklen Augen wirkten jetzt sogar zornig. »Meinst du, ich bin irgendein dahergelaufenes Flittchen? So ein leichtes Mädchen, so eines wie auf deiner unanständigen Postkarte? Meinst du das?«

»Ich bitte dich«, stammelte Straub, der die Beine wieder vom Bett nahm und in seine Schuhe zu schlüpfen versuchte, so, als wäre es angebracht, in Kürze die Flucht zu ergreifen.

Schon war er im Begriff aufzustehen, diese dumme Situation aufzulösen, auch in der Hoffnung, es würde dadurch wieder Normalität einkehren.

Das aber brachte Lidia erst richtig in Rage. Noch nie seit sie hier war hatte er sie ähnlich temperamentvoll, ja aufbrausend erlebt.

»Mach dich nur aus dem Staub«, maulte sie ihn an. »Wenn was nicht genau so verläuft, wie es sich der junge Herr vorgestellt haben, dann kneift er eben den ... dann zieht er sich sozusagen aus der Affäre. Und was mit mir ist, ist dir dann egal, oder?«

Was will sie eigentlich?, dachte er. Werde einer schlau draus. Schade, dass sie jetzt so spinnt. Ich hab ihr doch gar nichts getan.

Er stand auf, ging zur Vogelvoliere, schob das Tuch zur Seite, mit dem der Käfig des nachts abgedeckt wurde und schaute den beiden Finken ein paar Sekunden beim Schlafen zu.

Dann holte er sich seine Pfeife vom Bord und seine Tabaksdose und begann, ziemlich umständlich damit zu hantieren. Zerrieb den flachsigen Tabak mit den Fingern, bis er eine locker-krumige Konsistenz aufwies, stopfte sodann damit die Pfeife, Schicht um Schicht, wobei er immer wieder mal prüfend am Mundstück sog.

Aber er kam nicht bis zum Herd, wo er sich mit einem Fidibus die nötige Glut holen wollte, um seine Pfeife anzustecken.

»Willst du jetzt rauchen?« Die Frage kam mit so viel Verwunderung und Bestürzung, dass Straub, ohne zu wissen warum, sofort von einem nebulösen Schuldgefühl befallen wurde. Er reagierte wie ein Schuljunge, der bei etwas Ungehörigem ertappt wurde: legte die Pfeife ohne Widerstand ab, legte sie auf den Tisch, sah, wie einiges vom Tabak herausbröselte – und fragte sich im nächsten Moment auch schon, wie er eigentlich dazu kam, wegen dieser Frau die Fassung so schnell zu verlieren. Gewiss, sie war um einiges älter als er, hatte viel schon von der Welt gesehen, war weit gereist, war verheiratet gewesen – und sie hatte es, wenngleich mehr schlecht als recht – bei widrigsten Verhältnissen und völlig allein bis zum Gipfel der Zugspitze geschafft. Respekt. Allen Respekt.

Aber ich bin nicht niemand, dachte Straub. Ich muss mich nicht klein machen vor dieser Frau, die nur noch lebt, weil ich sie ins Leben zurückgeholt habe. Nur deshalb.

»Weißt du, dass bald Mitternacht ist«, sagte sie. »Das Jahr geht zu Ende. Das neue fängt an. Sollen wir uns da streiten? Unsinn!«

Sie stand auf, kam in Wollsocken auf ihn zu, fasste ihn bei den Schultern und sagte: »Sollten wir nicht. Wir sollten uns vertragen. Besser noch: gut sein zueinander...in dieser ganz besonderen Nacht.«

Und ehe Straub noch begreifen konnte, hatte sie nach seinem Kopf gegriffen, ihn ein wenig zu sich hergezogen, hatte sich zudem ein wenig auf die Zehenspitzen gestellt und ihn voll auf den Mund geküsst.

»Lidia...«, hatte er nach dem ersten angenehmen Erschrecken gesagt. Aber sie hatte ihn neuerlich geküsst und all die Worte, die er vielleicht hätte sagen wollen, einfach aufgesogen und verschluckt.

Erst als sie mit der Erfahrung der schon etwas reiferen Frau spürte, dass dem jungen, unsicheren, unbeholfenen und scheinbar völlig unerfahrenen Wetterwart sein Widerstand verloren ging und keine Worte mehr aus ihm herausdrängten, schob sie ihn ganz sanft ein wenig zurück.

Sie musste lächeln über den enttäuschten Ausdruck in seinen Augen.

Und sie legte ihm schnell zwei Finger auf den Mund, ehe er wieder zu sprechen, zu fragen, zu lamentieren anfangen konnte.

»Du musst Holz nachlegen«, sagte sie. »Und uns einen Wein aufmachen. Wir wollen schließlich anstoßen aufs neue Jahr.«

Auch ohne Lidia, ohne ihre Küsse, ohne die feuchten Versprechen, die er darin entdeckt zu haben glaubte, wäre dieser Jahreswechsel der ungewöhnlichste seines bisherigen Lebens gewesen. Kein Orchester, keine Festivität, kein Tanz, keine festlichen Gewänder, kein Champagner, kein zartes Gläserklirren, keine Stadt ringsum mit Licht in den Fenstern und Menschen auf den Balkonen, keine Böllerschüsse von irgendwoher.

Nicht einmal Glockengeläut. Wie oft hatte er es doch gehört, und wie sehr hatte er es lieb gewonnen: jubilierender Klang der Glocken, mit dem das neue Jahr überschwänglich begrüßt worden war.

Hier dagegen nur Stille.

Wie allein ich wäre, wenn sie nicht da wäre, dachte er.

Denn seit Lidia bei ihm Quartier hatte nehmen müssen, war ihm die Vorstellung, ganz allein hier oben zu sein, von Tag zu Tag fremder geworden.

Es war ein gutes Gefühl, sie hier zu haben. Und er war sich ganz sicher, dass ihm das neue Jahr mehr bescheren würde als das in wenigen Minuten ausklingende.

Beim Nachheizen des ohnehin schon bullernden Herdes hätte er sich fast die Finger verbrannt. Dafür aber war der Rotwein zu kalt.

Wir hätten die Flasche neben den Ofen stellen sollen. Aber egal.

Als er den zunächst widerspenstigen Korken aus dem Flaschenhals geholt und ihre beiden Gläser gefüllt hatte – Wassergläser, dachte er, gottserbärmliche Wassergläser! – hörte er Lidia sagen, dass er ihr nicht mehr böse sein solle.

»Frauen«, sagte sie, »das musst du wissen, sind manchmal so. Hat aber meistens nicht viel zu sagen. Also, sei nicht mehr böse. Komm her.«

Er setzte sich aufs Bett, wie zuvor, reichte ihr ein Glas, sie stießen an auf das, was hinter ihnen und das, was vor ihnen lag, sie küsste ihn mit ihrem kühlen Mund, mit ihren nach Rotwein schmeckenden Lippen, sie trank noch einen kleinen Schluck, fasste ihm mit der freien Hand ganz unvermittelt in den Schritt, spürte seine Erregung und sagte:

»Das neue Jahr fängt ja ganz gut an ...«

10

Früher hatte sie dem Jahreswechsel keine besonders symbolhafte Bedeutung beigemessen. Nie hatte sie sich in dieser meist so erzwungen feierlichen Minute, die allein stand zwischen einem alten und einem neuen Jahr, irgendwelche stillen Wünsche ausgedacht, nie sogenannte gute Vorsätze gemacht.

Gehen eh nicht in Erfüllung, hätte sie ohne Bitterkeit gesagt, wäre sie von jemandem darauf angesprochen worden.

Was hatte sie nicht alles an festen Vorsätzen vernommen, im Familien- und im Freundeskreis. Dass diese oder jene im nun anbrechenden Jahre die lange geplante, immer wieder aufgeschobene Reise würden durchführen – auf jeden Fall. Dass Jakob, ihres Gemahles jüngerer Bruder, nun endlich und unwiderruflich sein Buch über die Handelsgeschichte Sachsens verfassen und herausbringen würde. Dass für Mariann, die Tochter des Tuchwarenhändlers Arnold, heuer ganz sicher ein Bräutigam gefunden werde, aller Unansehnlichkeit der jungen Frau zum Trotze.

Innerlich hatte Lidia über solch vollmundige Prophezeiungen immer nur gelacht. Und sich gedacht, dass eher die Elbe nach Böhmen zurückfließen werde ...

Doch abgesehen davon, dass alle Welt diesem Jahreswechsel gar so viel Symbolträchtiges auflud, mochte sie die damit verbundenen Festivitäten überaus gern. Wie sie überhaupt froh war, wenn es Anlässe zu Feierlichkeiten gab, mit kulinarischen Köstlichkeiten, ausgelassener Geselligkeit und mit Tanz. Mit Tanz vor allen Dingen. Denn das Tanzen liebte sie sehr.

Straub war draußen oder im Arbeitszimmer. Ganz klar: Seine Arbeiten waren auszuführen, egal, ob heute der 1. Januar war oder nicht. Sie hatte nicht bemerkt, wie er aufgestanden war und sich angekleidet hatte. Bestimmt hatte er sich schon einen Tee oder Kaffee gemacht, um wenigstens halbwegs wach zu werden. Auf dem Tisch stand seine große Tasse. Aber sie hatte nichts von all dem mitbekommen. Sie streckte sich im Bett, streckte sich so sehr, dass sie auf höchst angenehme Weise jede Sehne in ihren Fingern und in ihren Füßen spürte und sie das Gefühl bekam, dass ihr Hintern ganz klein und fest wurde.

Halb elf, dachte sie. Es ist schon halb elf. So lange hab ich geschlafen. Und eigentlich könnte ich noch viel länger schlafen ...

Durch die Fenster ihrer Wohnstube fielen die weißen Lichtstrahlen eines Sonnentages. Fängt gut an, dachte sie. Fängt alles sehr gut an.

Sie rollte sich noch einmal unter der Decke zusammen, schaute dem Tanz der Staubmoleküle in den einfallenden Lichtkegeln zu und fühlte der Nacht noch einmal nach.

Straub ging es erstaunlich gut. Mehr als eineinhalb Stunden Schlaf hatte er nicht zusammengebracht in dieser Nacht, mit der sein neues Jahr begann. Und mehr als nur ein neues Jahr ...

Die Messungen erledigte er mit im Wortsinne schlafwandlerischer Sicherheit. In den mehr als zwei Monaten auf der Station war ihm seine Aufgabe zur Routine geworden. Abgestumpft allerdings war er nicht daran: So ziemlich jeder Tag, jedes Wetter, jeder Ausblick faszinierte ihn aufs Neue. Und er war sich bewusst, eine ganz besondere Phase des Lebens zu durchlaufen und eine Erfahrung zu machen, wie sie so oder ähnlich nur ganz wenigen Menschen zuteil wird.

Und dann noch Lidia ...

Er stand auf der Plattform und schaute über den langen, markant geschwungenen Grat, der verschneit und verwächtet die Zugspitze mit dem Hochblassen verband. Da gab es keinen Weg, nicht einmal im Sommer. Das war ausgesetzte Kletterei auf mehreren Kilometern Länge. Zur einen Seite senkten sich die schroffen Höllenthalspitzen und die Vollkarspitze zum Höllenthal hinab, zur anderen Seite würde ein lospolternder Stein auf den Schneeferner fallen oder, theoretisch allerdings, ins Reinthal. Was für eine kühne Route für sehr kühne Hochalpinisten.

Erst vor ein paar Jahren soll diese Überschreitung erstmals gelungen sein. Im Sommer.

Da könnte es mich auch reizen, dachte Straub. Mal im Sommer kommen und den langen Grat packen ...

Er ließ mit seinen Blicken ab vom Grat und schaute hinüber Richtung Hochwanner. Die weniger steilen Bergflanken waren tief verschneit. Im Licht des schönen Tages erstrahlte die ganze Landschaft in hellstem Weiß. Alles wirkte so ruhig und so friedlich, so sauber, so unwirklich schön. Aber Straub wusste nur zu gut, dass vor allem der friedliche Eindruck täuschte. Nicht für viel Geld wäre er jetzt durchs Reinthal gegangen. Nicht nur, dass dies schon rein physisch ein kaum zu bewältigendes Unterfangen gewesen wäre. Da lag der Schnee so hoch, dass er bis zur

Brust eingesunken wäre – das hielt man keine zwei Stunden aus. Und dann wäre man schnell am Ende ...

Doch mehr als vor solcher Pein fürchtete sich Straub vor den Lawinen. Vor der Gewalt, mit der sie alles mit sich rissen, selbst Bäume konnten sie knicken, als wenn es dünne Stöckchen wären. Und im letzten Winter hatte er am Institut von einer neuen lawinenkundlichen Erkenntnis gehört: dass nämlich die meisten Lawinentoten nicht in den Schneemassen ersticken, sondern von dieser rasenden Flut aus Schnee erschlagen werden. Die Opfer, so konnte er sich des Sachverhalts noch erinnern, würden gegen Felsen und gegen Bäume geschlagen, sodass es kein Wunder sei, wenn man sie mit nach hinten gedrehten Köpfen und abersinnig verdrehten Gliedmaßen auffinden würde.

Einen Moment lang fragte er sich, wie ihn an diesem ersten Tag des Jahres, das für ihn doch so berauschend gut begonnen hatte, solch düstere Gedanken heimsuchen konnten. Aber er wusste die Antwort. Natürlich wusste er sie.

Lidia!

Sie konnte nicht fort, aber sie konnte auch nicht hier bleiben. Vorerst ja, aber irgendwann musste sie fort.

Ich kann sie doch nicht hier lassen, bis der Schnee geschmolzen ist, bis Bergsteiger heraufkommen, bis die Träger mich holen. Ich kann sie doch nicht kompromittieren ... ausgeschlossen.

Was wäre das für ein Skandal, wenn die Welt davon erführe, wie er hier in wilder Ehe lebte ...

Ich werde mit ihr reden müssen ... nicht heute ... aber bald...

Lidia hatte sich in eine der Decken gewickelt. Sie hatte am Herd warmes Wasser in eine Schüssel gefüllt und tapste nun barfuß die Stiege hinunter. Schon beim Gedanken daran, gleich nackt im Schnee zu stehen, fröstelte es sie am ganzen Körper. Zunächst aber hatte sie damit zu tun, die Schüssel, in der das Wasser schwappte, nach unten zu balancieren. Als sie dann aber ins Freie trat, war es ein Schock. Trotz der kraftvollen Sonne, die um diese Mittagsstunde südlich am Himmel stand, und trotz der fast absoluten Windstille, erschien ihr das Vorhaben, sich im Freien von Kopf bis Fuß zu waschen und mit Schnee abzureiben, als völliger Irrsinn.

Aber da sie sich nun einmal so entschieden hatte, ließ sie sich auch von der unterschätzten Kälte nicht mehr abbringen. Sie trat barfuß in den

Schnee, warf die Decke ab, hüpfte auf der Stelle, um es wenigstens ein bisschen wärmer zu bekommen, und begann dann, sich mit Schnee abzureiben: erst das Gesicht, dann den Hals und unter den Armen. Sie massierte sich die Brüste mit Schnee, und sie rieb sich die Füße ab.

Als Straub merkte, was da unten geschah, sah er erst einmal gebannt zu.

Wie schön sie ist, dachte er. Wie verdammt schön. Und so verrückt ...

»Was treibst du da eigentlich?«, rief er zu ihr hinunter. »Das ist doch viel zu kalt.«

»Macht doch nichts«, lachte sie zu ihm hinauf. »Ich werd mir schon nichts erfrieren.«

Sie schöpfte sich mit den hohlen Händen warmes Wasser über den Kopf und rieb sich die Haare mit einem Stück Kernseife ein.

»Du holst dir einen Schnupfen«, rief Straub.

Sie goss sich das warme Wasser über die eingeseiften Haare und wusch sie aus. Mit dem Rest des warmen Wassers wusch sie sich im Schritt, wobei sie leicht in die Hocke ging. Es machte ihr nichts aus, dass Straub zusah. Sie hatten in der Nacht gegenseitig alle ihre Schwellen übertreten.

Und doch: Es war ein befremdliches Gefühl für Straub, Lidia in einer solch intimen Situation zu sehen. Einer Intimität, die ganz anders war als die ihrer körperlichen Erfüllung in der Nacht. Da war für ihn alles neu gewesen. Nie zuvor war er einer Frau so nahe gekommen, nie zuvor hatte er das unglaubliche Gefühl genossen, in eine Frau so sanft und doch so voller Kraft einzudringen. Aber immerhin hatte er von alldem, was sich in diesen Stunden ereignete, eine gewisse Vorstellung gehabt. Doch hatte er sich noch nie überlegt, wie eine Frau sich eigentlich wusch, »dort unten«.

Lidia schien seine Gedanken zu erraten, denn während sie sich mit der nassen Hand zwischen den Beinen reinigte rief sie ihm zu:

»Irgendwie muss deine edle Spende ja auch wieder raus ...«

Am Nachmittag meldete sich der im Institut diensthabende Kollege telefonisch.

»Nur so«, sagte er. »Auf einen kleinen Ratsch zum neuen Jahr. Alles Gute übrigens, da oben, in deiner Eremitage. Fällt dir da die Decke nicht auf den Kopf?«

»Ooch ...«

»Das kann ich mir gut vorstellen. Für mich wär dieses Alleinsein ja nix. Könnt' ich nicht aushalten. Ich brauch immer Menschen um mich rum.

Muss Stimmen hören, Gesichter sehen. Verstehst du?«

Straub konnte ihn beruhigen. Konnte berichten, dass er alleine ganz gut zurecht kam. Dass er, zugegebenermaßen, anfänglich auch seine Schwierigkeiten mit dem Alleinsein hatte. Aber dass er sich immer besser daran gewöhnt hatte und jetzt ... »Jetzt geht es mir ja richtig gut«, sagte er mit einem Schmunzeln. »Das Einzige, was mir wirklich fehlt, ist eine Zeitung. Erfahren, was so los ist bei uns im Land und sonstwo auf der Welt. Ja, das vermisse ich.«

So ergab es sich, dass sie eine halbe Stunde lang über Ereignisse sprachen, die in den vergangenen Wochen die Welt beschäftigt hatten, und über Ereignisse, die sie in den nächsten Monaten vielleicht verändern würden.

»Was soll schon die Welt verändern?«, bezweifelte Straub die Gewichtigkeit der anstehenden Entwicklungen.

»Die Frau!«, sagte sein Kollege. »Ganz einfach: die Frau.«

Straub verschlug es die Sprache. Auf was spielte er an? Was wollte er da loswerden? Konnte er irgendwas wissen, auch nur ahnen?

»Die Frau?«, sagte er. »Was meinst du?«

»Die Frau als solche halt«, gab sein Kollege zurück.

»Du weißt ja eh, dass ich es mit den Sozialdemokraten halte. Dass mir alles Fortschrittliche lieber ist als das Miefige unserer Vorväter. Ich bin halt ein Arbeiter ...«

»Du bist doch kein Arbeiter«, warf Straub ein. »Du doch nicht. Bist gebildet, studiert. Und du hast beste Aussichten auf eine erfolgreiche Laufbahn.«

»Aber ich habe nichts. Nichts, mit dem ich handeln könnte, nichts zu erben. Nur meine Arbeitskraft, mit den Händen und dem Hirn. Also, was bin ich dann?«

Straub hörte Lidia auf Zehenspitzen über die Treppe ins Arbeitszimmer heraufschleichen. Es war unnötig, sich einen Finger an die Lippen zu legen und ihr damit zu signalisieren, dass sie nur ja keinen Laut von sich geben dürfe.

Sie lächelte nur. In der eine Hand hielt sie eine Zeitschrift, offensichtlich eine alte Ausgabe der Deutschen Alpenzeitung, mit der anderen fasste sie sich an die Wange, was besagen sollte, dass sie sich noch einmal ein bisschen hinlegen wollte.

»Sogar in Pasing wollen sie jetzt einen Frauen- und Mädchen-Bildungsverein gründen. Das ist doch Provinz dort draußen – auch wenn sie vor eineinhalb Jahren zur Stadt erhoben worden sind.«

Straub sah Lidia nach. Sie trug ein einfarbig graues Hemd von ihm, das ihr viel zu groß war, und an den Füßen dicke Wollstrümpfe. Er war überzeugt, dass sie sonst nichts, gar nichts trug. Und während sein Kollege in München noch über die verwunderlichen Entwicklungen der jüngsten Vergangenheit referierte, fühlte Straub sein Glied anschwellen, und in der Erinnerung an die Nacht konnte er ihre Haut wieder schmecken

»Es ist erst ein paar Jahre her«, erzählte der Kollege, »da sind die Weiberleut im politischen Teil einer Veranstaltung für den alten Lassalle noch aus dem Saal gewiesen worden. Da kann man halten davon, was man mag. Hätte vielleicht nicht unbedingt sein müssen. Aber was jetzt geschieht, ist ja auch nicht unbedingt nötig, oder?«

Straub war immer froh um die Telefonate mit seinen Kollegen in der Stadt, freute sich über die Abwechslung, die Unterhaltung. Doch von Mal zu Mal ermüdeten ihn diese Gespräche mehr, und er merkte, dass er schon nach einigen Minuten die Aufmerksamkeit verlor.

Ich hab mich schon ganz an die Zurückgezogenheit gewöhnt, dachte er. Das Gerede ist mir schon fast zuwider.

»Die wollen, dass die Frauen durch Vorträge zu allen möglichen Themen gebildet werden, dass sie an die richtigen Bücher herankommen. Also ich weiß nicht. Eine Frau, das ist jedenfalls meine Meinung, hat auch so schon genug zu tun. Da muss sie nicht noch lesen ...«

Lidia legte sich hin. Sie nahm die Zeitschrift, aber sie las nicht darin. Eigentlich fühlte sie sich zu müde zum Lesen. Doch diese Müdigkeit war ohne Schwere. Sie war wohlig.

Sie wollte nur daliegen und an die Decke schauen und den Gefühlen nachhängen, die sie aufgewühlt hatten, die schon auch beunruhigend waren, aber vor allem eine euphorische Stimmung in ihr bewirkten.

Es war eine Müdigkeit, das wusste sie genau, so gut kannte sie sich, die allmählich die Konturen ihrer Gedanken ausfransen lassen würde.

Die Personen und Gegenstände ihres Sinnierens würden ihre festen Formen und ihre Farben verlieren. Es würde alles zerfließen, etwa so wie beim Aquarellmalen, wenn der Pinsel die Farbe aufs nasse Papier auftrug und dabei poetische Zufallsbilder entstanden wie zarte Farbwölkchen an einem leicht bewegten Himmel.

Was sich alles getan hat, seit ich hier bin. Unglaublich ...

Lidia spürte den Wochen nach, die sie nun schon auf beinahe dreitausend Metern Höhe lebte. Sie versuchte sich zu erinnern an ihre ersten Eindrücke, als sie aus ihrer Bewusstlosigkeit erwacht war.

Ich hab ihm nur zugesehen, diesem Mann. Am Anfang war ich zu schwach, um zu sprechen, dann habe ich mich so geschämt und dann ... ich weiß es nicht ... war es Angst vor ihm ... oder hab ich mir gewünscht, nun wirklich allein zu sein mit ihm? Ist doch komisch: Ich stelle mir eine Frage, die nur ich beantworten kann – und ich kenne die Antwort dann doch nicht.

Im durch ein Fenster einfallenden Licht sah sie Dampfwölkchen von einem Wassertopf am Herd aufsteigen. Das war zweieinhalb Meter entfernt, und doch war es ein kindliches Spiel, mit aller Kraft die Luft einzusaugen und den Dampf zu sich her bewegen zu wollen.

Als sie ein Kind war, sechs oder sieben Jahre vielleicht, noch in Argentinien, da drückte sie sich mit den kleinen Fingern die Nasenlöcher zu, steckte zugleich die Daumen in ihre Ohren und hielt sodann, ohne Wasser an die falschen Stellen zu bekommen, den Kopf ins Wasser. Sie fand es zauberhaft zuzusehen, wie ein paar große und unzählige kleine Luftbläschen aus ihrem Mund aufstiegen, und sie ließ sich so viel Zeit, wie nur irgend möglich.

Sie tagträumte vom Wasser, von den quirrlenden Luftbläschen, sie spürte ihr Haar ganz nass und einen Hauch von kühler Luft auf ihrer nackten Haut.

Der Topf auf dem Herd war kein Topf mehr. Nebel stiegen auf, wie ... ja, genau ... wie damals in Buenos Aires, wenn nach einem kurzen Sommerregen die Dächer der Häuser zu atmen begannen.

Sie spürte Straubs Atem an ihrem Gesicht, roch seine Haut, den Schweiß unter seinen Armen.

»Du bist stark«, sagte sie. Mit den Fingerkuppen strich sie ihm über die Oberarme, über seinen nackten Rücken, sie betastete ein rätselvolles Mal, eine Narbe oder was auch immer, glitt dann weiter, strich über die kleinen Höcker seiner Wirbelsäule und krallte sich, begierig, in das feste Fleisch seiner kühlen Hinterbacken.

Die Nacht mit Straub hatte sie wieder jünger werden lassen. Sie hatte nach langer, langer Zeit wieder Begierde gespürt und die Erfüllung dieser Begierde erlebt. Seit Fritz, ihr Gemahl, verstorben war, hatte sie diesbezüglich völlig zurückgezogen gelebt. Die Avancen einiger Herren von Stand hatte sie mit mildem Lächeln abgetan.

Die Lockungen des Fleisches, davon war sie ehrlich überzeugt gewesen, hatten für sie jede Faszination verloren. Sie hatte das erlebt, es war in Ordnung, es war gut, aber mit der Stunde, da ganz plötzlich ihre Witwenschaft begann, erschien ihr ein Mann, nackt, steif, gierig, nicht länger begehrenswert. Was freilich schon früher seinen Anfang genommen hatte, schon nach einem Jahr der Ehe. Da war Fritzens Verlangen immer weniger geworden – ihres im Übrigen auch –, und der eheliche Akt war zu einer routinehaften Handlung geworden. Ein Intermezzo zwischen Alltagsbewältigung und Schlaf. Für Fritz vielleicht eine Art schneller Entspannung nach langem geschäftlichem Wirken und vor tiefem, von Schnarchgeräuschen begleitetem Schlaf. Und für sie ...

Oh, dachte sie, wenn er gewusst hätte ...

Gewusst hätte, wie wenig Befriedigung sie noch verspürte, wie selten ihr diese Minuten der Zweisamkeit noch Erfüllung schenkten. Im letzten Jahr hatte sie selbst bei den selten gewordenen Anlässen ihre Ekstase nur vorgetäuscht, hatte ihren Atem aus den Lungenspitzen gepresst, hatte sich unter Fritzens Körper gewunden und war froh gewesen, als sie spürte wie er in ihr und auf ihr erschlaffte.

Und nun dieser Mann, dieser Wetterwart, so jung. Und mit so einem komischen Namen: Anselm.

Jung gemacht hat er mich, dachte sie. Jung wie ein Mädchen.

Und ganz durcheinander. Ganz durcheinander bin ich.

Sie schmeckte seine Lippen wieder, spürte seine Kraft, sein Verlangen, seine Scheu. Zog ihn zu sich her, knabberte an seinem Ohr und half ihm, das Richtige zu tun.

So, so, so durcheinander bin ich.

Das Licht des Nachmittags nahm sie mit nach Feuerland, eine Reise in ihre Kindheit, an die Südspitze des amerikanischen Kontinents. Es entführte sie, holte sie herab von der winterlichen Zugspitze und ließ sie über Tausende von Meilen dorthin schweben, wo sie sich immer hinwünschte, wenn es ihr besonders gut oder wenn es ihr besonders schlecht ging: nach Patagonien.

Als Straub wenig später aus seinem Arbeitszimmer kam, lag Lidia in sanftem Schlummer. Sie schien zu lächeln. Sie schien glücklich zu sein.

Straub genoss es, ihr beim Schlafen zuzusehen.

11

Das Grammophon wurde für Lidia zum großen Vergnügen hier auf dem Berg. Wenn sie etwas vermisste, was sie vom Leben im Tal her gewöhnt war, dann den Genuss eines Konzerts oder den Besuch eines Opernhauses. Die kleine Kollektion an musikalischen Aufnahmen, wenngleich künstlerisch und technisch in sehr unterschiedlicher Qualität, vermochte ihr über diesen Mangel recht gut hinwegzuhelfen.

Manchmal tanzten sie zu den Walzern. Aber nicht nur dann zog Lidia das Grammophon auf. Am liebsten hörte sie den ganzen Tag Musik. Wenn sie kochte, putzte, wusch. Wenn sie las oder vor sich hin träumte. Und es machte ihr dabei gar nichts aus, dass sie manches Stück zehnmal hintereinander hörte. Und immer wieder dieselben Arien, Walzer und Märsche. Oft summte sie fröhlich mit. Oft schien ihr mit Musik alles leichter von der Hand zu gehen.

Allerdings, die Platten nahmen Schaden im Verlauf der Wochen. Immer unreiner wurde ihr Klang. Und dort, wo beispielsweise ein Adagio die Sinne streicheln, das Gehör verwöhnen sollte, da übertönte Knacken und Knarzen und Rauschen die eigentliche Musik.

Zu allem Überfluss schienen die Platten auch nicht mehr ganz rund zu laufen. Zumindest Straub kam es so vor, als würde Carusos Stimme leiern. Mal etwas zu langsam, mal etwas zu schnell. Meist zu langsam.

»Der Kasten leiert«, sagte er.

»Macht doch nichts«, lachte Lidia. »Sei froh, dass wir überhaupt Musik haben.« Und nach einer kleinen Pause fügte sie hinzu:

»Wenn wir wieder unten sind, dann gehen wir mal in die Semperoper. Magst du? Es ist herrlich dort. Und dann wandern wir durch die Sächsische Schweiz, schauen von der Bastei hinab zur Elbe, wandern nach Rathen, trinken Tee auf der Terrasse am Fluss, lassen uns die Frühlingssonne auf die Nasen scheinen. Ich liebe den Frühling dort ...«

Aber dann fiel ihr ein, dass sie im März und im April noch immer auf der Zugspitze sein würden, gefangen in diesem goldenen Käfig ihres Miteinanders, gefangen vom Wetter und von den Gefahren der alpinen Region.

»Und den Herbst! Den liebe ich auch. Vielleicht sogar noch mehr. Wenn der Wald in allen Farben leuchtet, das ist wunderschön. Es wäre herrlich, einfach einmal loszuziehen, jeder einen Rucksack, darin Proviant und eine Decke. Und dann einige Tage lang unterwegs sein: Vom Bielatal zum Pfaffenstein, über die Elbe zum Prebischtor, durchs Gebiet der Affensteine und dann, am Schluss, durchs Polenztal ...«

»Wo schlafen?«, fragte Straub.

»Einfach draußen. Wir haben ja Decken dabei. Und ich wärm dich und du wärmst mich, und der Himmel schaut uns zu.«

»Das klingt gut«, sagte Straub. »Das sollten wir tun. Du bist meine Führerin auf den Wegen, die mir alle fremd sein werden.«

»Bin ich gern«, sagte sie und strich ihm übers Haar. »Bin ich gern.«

Lidia fühlte sich ausgesprochen wohl auf diesem hohen Berg. Ihr war, als hätte es sie zusammen mit Anselm Straub auf eine einsame Insel verschlagen, wo sie leben durften wie Adam und Eva. Und dabei wussten, dass ihr Aufenthalt nicht zugleich ihr Ende bedeuten würde: In absehbarer Zeit durften sie ja zurückkehren in die Zivilisation.

Doch daran mochte sie nicht denken: dass die paradiesische Zeit zu Ende gehen würde, dass sie wieder ins Tal hinab musste, ohne dass jemand auch nur eine Ahnung davon bekam, was sich hier oben zugetragen hatte, dass sie in ihrer Welt weiterleben musste, mit Straub oder ohne ihn, wahrscheinlich ohne ihn.

Nicht dran denken, sagte sie sich. Dafür den Augenblick genießen.

Doch so sehr sie dies auch beherzigte, so sehr sie wusste um die Einzigartigkeit dieses Abschnitts in ihrem Leben, so vermochte sie doch nicht zu verhindern, dass sich ihr bisheriges Leben immer häufiger bei ihr meldete und sich in Erinnerung brachte.

Dresden. Das mondäne Leben in der Stadt. Die Oper, die Kaffeehäuser, die Begegnungen. Oder am Sonntag eine Schifffahrt auf der Elbe, bis hinaus zum Pillnitzer Schloss. Oft dachte sie an ihr Anwesen. An ihr Musikzimmer, wo der Flügel stand und wo sie durch die Balkontüren auf die Schiffe sah, die vielleicht bis nach Hamburg fuhren. Oder auch die Bibliothek, so viele Bücher, die sie sich noch entdecken musste. Irgendwie hatte ihr die Bibliothek immer Halt gegeben, auch in den schweren Wochen und Monaten nach Fritzens Tod. Da war sie besonders gern zwischen den Bücherwänden gesessen oder auf und ab gegangen, hatte manches Buch aus den Vitrinenschränken genommen, es aufgeschlagen, die Illustrationen darin betrachtet, vielleicht sogar einige Minuten gelesen, es sodann wieder zugemacht und aufgeräumt. Die Bücher vermittelten ihr den Eindruck von ewiger Beständigkeit. Und wenn sie auch uneingestanden wusste, dass es ein trügender Schein war, so war sie doch in Zeiten tragischer Veränderungen besonders froh um diese Illusion.

Webers Freischütz möchte ich mit ihm in der Semper sehen, dachte sie. Egal, was sonst mit uns wird. Das muss sein. Das wünsche ich mir von Herzen.

Und sie erzählte Straub von dieser Oper, die er nicht kannte. Erzählte, dass Weber eine Weile gar nicht weit vom sächsischen Sandsteingebirge entfernt gelebt hat. Und dass eine Szene sogar inspiriert worden sei von einer engen Schlucht, wo sich schroffe Felsen förmlich aneinanderlehnten.

Sie dachte an ihr Zuhause, an ihr Hauspersonal und daran, dass sich vor allem Frau Kreiss Sorgen machen würde. Sie, die Hausverwalterin, war allerdings Sorgen gewöhnt. Lidia hatte ihr vor ihrer Bergtour mittels einer Depesche mitgeteilt, dass sie ihren Aufenthalt verlängern würde, unter Umständen sogar weiterreisen würde ins Tirolerische, vielleicht bis Trient. Frau Kreiss waren derlei Eskapaden ihrer Herrin nicht fremd. Es war nicht die erste Reise, wo sie um vieles später als ursprünglich geplant nach Hause zurückkehrte. Zum ersten Mal aber musste Frau Kreiss über eine derart lange Zeit ohne Nachricht bleiben und das Hauswesen, die Einkäufe, die Erledigungen, die Zahlungen und die Gehälter ohne jegliche Rücksprache organisieren.

Lidia hatte ein schlechtes Gewissen in dieser Sache. Sie überlegte, ob es nicht besser wäre, wenn Straub telefonieren und den Sachverhalt schildern würde.

Sie war hin und her gerissen. An einem Tag glaubte sie, dass dies die einzig richtige Vorgehensweise wäre, am nächsten Tag sagte ihr die innere Stimme, dass genau das falsch wäre: Ihre Beziehung würde sich ändern, wenn sie kein Geheimnis mehr wäre.

Ich bin jetzt zweiundvierzig, dachte sie, habe noch mal zu leben begonnen, noch mal eine Freude daran gefunden. Ich will mir das nicht nehmen lassen, nein, dachte sie, ich will diese Tage und Nächte auf diesem Berg genießen, als wenn es die letzten Tage wären, bevor die Welt untergeht.

Sie war der festen Überzeugung, nicht mehr mit Straub schlafen zu können, wenn er seinen Kollegen ihre Anwesenheit gebeichtet haben würde. Immer würde sie Augen- und Ohrenzeugen in der Nähe wähnen, lüsternes Lachen, unanständige Worte, zotige Sprüche, und vor allem: Blicke, die sich begierig in sie hineinbohrten.

Ich könnte das nicht mehr tun. Will aber. Will so sehr.

Und doch war ihr klar, dass sie mit ihm reden musste. Unbedingt.

Für Straub war der Januar die schönste Zeit seines Lebens. Er war noch jung genug, um zu glauben, das würde immer so weitergehen. Und er war schon alt genug, um zu wissen, dass das nicht stimmte. Das Zusammenleben mit Lidia machte ihn auf eine Art glücklich, die er nie kennengelernt hatte. Dass sie es gemeinsam vermochten, ohne viel Gerede die Tage hier oben zu bewältigen, das stimmte ihn froh. Er hatte eine Gefährtin gefunden, die mit ihm das Leben teilte. Ganz wie Robinson Crusoe den Wilden, den er Freitag taufte.

Nur dass Defoe nichts davon schreibt, dass Freitag auch das Nachtlager mit Robinson geteilt hätte ..., dachte er.

Wenn er Lidia an milden Tagen vor dem Haus oder auf der Plattform stehen sah, wie sie die Farbfelder des Zyanometers gegen den Himmel hielt und eine geradezu kindliche Freude dabei entwickeln konnte, dann wünschte er sich nichts mehr, als mit ihr zusammen alt zu werden.

Diese Frau vereinte in sich Reife und Mädchenhaftigkeit, sie gab ihm Halt, führte ihn, wo ihm das Gelände bis vor kurzem noch fremd war. Sie gab ihm viel: Geborgenheit, Kraft, die Gewissheit, ein Mann zu sein. Und, wie es schien, konnte auch er ihr viel geben: Er kam sich mittlerweile nicht mehr wie ein Primaner vor in ihrer Nähe. Die Tage und vielleicht mehr noch die Nächte hatten allmählich ihre Verschiedenheiten aufgehoben. Sie waren ein ungleiches Paar – das bestens zusammenpasste.

War es nicht auch so, dass er älter wirkte als er in Wirklichkeit war? Wenn er sich von Lidia unbeobachtet fühlte, prüfte er manches Mal sein Gesicht im stumpfen Rasierspiegel: Die Stirn – war sie nicht ungewöhnlich hoch? Und spannten nicht auch lichte Stellen, zumindest als Andeutung sogenannter Geheimratsecken, in Richtung der höchsten Schädelhöhe? Wenn er nicht lächelte, nur ganz still in den Spiegel schaute, dann wirkten seine Augen doch wie die eines Mannes von Welterfahrung und gehöriger Selbstsicherheit. Keine Frage: er wirkte reif, älter und sehr, sehr in sich ruhend.

Und dachte er dann an Lidia, dann gab es natürlich nicht den geringsten Zweifel, dass sie um zehn Jahre jünger wirkte als es wohl in ihren

Reisedokumenten vermerkt war. Ein junge, schlanke, bewegliche, frische, bisweilen mädchenhaft übermütige Frau.

Bestimmt ist es ihr gut bekommen, dachte Straub, dass sie nie im Kindbett hat liegen müssen.

Denn das hatte er trotz seiner Unerfahrenheit schon vernommen: dass Frauen, die zwar Kinder hatten, denen aber der Mann aus welchen Gründen auch immer abhanden gekommen war, besonders leicht zu erobern wären. Allerdings, so hatte es ihm ein Kommilitone im Brustton großer Frauenkenntnis erzählt, seien eben diese willigen und auch dankbaren Frauen in ästhetischer Hinsicht allenfalls zweite Wahl. Ihm klang noch der Satz jenes Mitstudenten in den Ohren: »Durch das Austragen und Gebären ist das Gewebe hin, und dort, wo sie ziemlich eng sein sollten, da sind sie ausgeleiert.«

Er wusste, welches Glück ihm mit Lidia beschieden war. Und er wusste auch, dass er sie nicht mehr loslassen würde. Er wollte mit ihr auch in Zukunft zusammen sein.

Darüber, und über noch so manches mehr, würden sie jetzt auch reden müssen. Gar keine Frage.

»Es gibt keine Möglichkeit, hier wegzukommen, bevor der Winter vorüber ist. Und das ist nicht vor Mai. Wahrscheinlich erst im Juni.«

Das Gespräch verlief ganz anders, als er sich das gewünscht hatte. Im Grunde wollte er Lidia doch seine Zuneigung ausdrücken, ja, seine Liebe. Wollte ihr klarmachen, dass er sein Leben mit ihr leben wollte, wenn das auf dem Gipfel hier vorüber wäre. Und wie das alles gehen könnte, das wollte er besprechen. Zumindest einmal seine Gedanken ausdrücken und nach Möglichkeit ihre Meinung erfahren.

»Ich will aber nicht hier bleiben, bis irgendwann deine Leute hier heroben stehen. Oder bis irgendwelche Alpinisten kommen und sich die Mäuler über uns zerreißen. Verstehst du das denn nicht?« Sie war zornig geworden, zornig und laut.

Solange nie von Liebe die Rede war, dachte Straub, waren wir ein Herz und eine Seele. Und jetzt plötzlich das.

»Aber hast du nicht selbst gesagt, es wäre besser gewesen, Bescheid zu geben, dass ich dich als blinde Passagierin an Bord habe?« Er verstand sie nicht in ihrer Widersprüchlichkeit, die sie heute, Wochen nach der Silvesternacht, wieder einmal an den Tag legte.

Er konnte nicht nachvollziehen, warum sie binnen einer Viertelstunde mehrere sich widersprechende Meinungen zum besten gegeben, sie beharrlich gegen seine Widerrede verteidigt oder aber, im Fall seiner Zustimmung, sofort wieder fallen gelassen hatte.

»Natürlich wäre es besser gewesen, wir hätten Bescheid gesagt«, grollte sie. »Es war einfach idiotisch, es nicht zu tun.«

Sie sah Straub herausfordernd an, und er war nahe dran, sich doch wieder wie ein Schuljunge zu fühlen.

Weibsbild!, dachte er. Verzogenes, eingebildetes, blödes Weibsbild!

Er sagte das nicht. Aber es half ihm. Und der Gedanke daran, dass sie unter ihm gewimmert und gestöhnt hatte, immer wieder, dass er ein Mann und kein Bub mehr war, dass er sich nicht klein machen lassen musste.

»Aber jetzt! Willst du jetzt antelefonieren und deinem Kollegen sagen: Ich lebe hier seit Monaten mit Frau von Berneis? Willst du ihnen sagen, dass wir zusammen den Haushalt führen, miteinander essen, tanzen und im gleichen Bett liegen, und dass wir schnakseln, bis der Turm wackelt…«

»So will ich es nicht sagen«, unterbrach er sie. »Aber wenn ich heute Bescheid geben würde, wäre es nicht anders, als wenn ich vor zwei Monaten Bescheid gegeben hätte.«

»Es ist schon anders«, beharrte sie. »Es ist anders. Und ich will das nicht.«

Es trat ein längeres Schweigen ein, während dem Lidia, wenn sie sich unbemerkt glaubte, Straub beobachtete, und Straub, wenn er im irrigen Glauben war, sie bemerkte das nicht, sie aus den Augenwinkeln ansah.

Als er den Faden wieder aufgriff, hatte sich Lidia etwas beruhigt, war beherrschter.

»Egal, was wir tun«, sagte er, »die Welt wird es erfahren. Entweder, wir sagen telefonisch schon Bescheid, oder es stehen irgendwann Leute an unserer Tür. Männer vom Institut oder die Träger, die das Material aufstocken oder Bergsteiger, die sich beim einsamen Wetterwart stärken wollen, vielleicht sogar was für ihn dabeihaben. Gut«, sagte er weiter, »vielleicht bleibt in deiner Welt völlig verborgen, was du in diesem Winter getan hast. Aber in meiner nicht. In ein paar Wochen werde ich nicht mehr verlobt sein. Offiziell, meine ich. Im Grunde bin ich es ja nicht mehr, seit ich dich halb erfroren gefunden habe …«

Sie ging zu ihm und kauerte sich an ihn.

»Ich mein es ja nicht bös …«, flüsterte sie.

»Und ich bin froh, nicht mehr verlobt zu sein«, sagte er. »Ich weiß heut, wo ich hingehöre...« Er sah sie an, aber sie hob ihren Kopf nicht, und so hatte er keine Gelegenheit auch nur den Versuch zu machen, in ihren Augen zu lesen.

»Es gibt aber noch etwas anderes, das sich sehr einschneidend auswirken wird: Wenn sie erfahren, dass es dich hier heroben gibt – und sie werden und müssen es erfahren – dann ist meine Laufbahn am Institut beendet. Das ist so sicher wie der Schnee, der in den nächsten Tagen reichlich fallen wird.«

Dieser Gedanke war ihr bislang nicht gekommen. Über alles Mögliche hatte sie sich den Kopf zerbrochen: wie kompromittierend alles für sie werden konnte; ob er zurückkehren würde zu seiner Elisabeth; wie ein Leben mit ihm, dem so viel Jüngeren, verlaufen könnte ...

Aber dass seine Laufbahn ruiniert wäre?

»Du meinst ...«

»Ich meine nicht nur. Ich bin mir ganz sicher. Das Institut wird mich entlassen. In allen Ehren, nur um ja kein Aufsehen zu machen. Aber mit oder ohne Ehren spielt für mich letztlich keine Rolle mehr. Ich werde weg sein. Und die wissenschaftliche Welt, das muss du dir klar machen, ist kleiner als man glaubt. Da kennt jeder jeden, niemand mag den anderen, zumindest unter den Professoren und sonstigen Kapazitäten nicht, aber verheimlichen lässt sich nichts. In ganz Deutschland werde ich keine Anstellung mehr bekommen, die auch nur annähernd meiner Ausbildung entspricht.«

Nach kurzem Schweigen fügte er hinzu:

»Lidia, aber das ist nicht das Problem. Es lassen sich immer Wege finden. Was mir wichtiger ist: Ich will mit dir zusammenbleiben.«

Es vergingen Minuten, in denen keiner von beiden irgendetwas sprach. Straub hoffte, dass Lidia ihm eine positive Antwort auf seine ungestellte Frage geben würde. Sie aber hatte diesem Nachsatz kaum zugehört, hatte ihn zwar vernommen, aber nicht bis an sich herangelassen. Das Gefühl der Scham drängte sich bei Lidia in den Vordergrund, ein schlechtes Gewissen, weil sie mit ihrer unverantwortlichen Hochtour auf den Berg nicht nur ihr eigenes Leben in Gefahr gebracht, sondern ein anderes auch noch zerstört hatte. Zumindest beinahe.

Straub ging auf und ab. Lidia sah durch ihn und durch die dick isolierten Wände hindurch, sah in den Himmel, der von einem Blau war, das sie mittlerweile ohne viel Mühe hätte bestimmen können. Nummer elf.

Aber natürlich sah sie das Blau nicht. Ihr Blick schien zu fliegen wie ein Vogel, so weit, bis der zwischen Tafelbergen mäandernde Fluss zu erkennen war. Und er flog wie eine Möwe über dem Wasser, bis dorthin, wo die Villa stand, einen Steinwurf nur vom Ufer entfernt und dabei begnadet erhöht gelegen. Kein Schnee. Das Gras braungrün vom Frost. Der Himmel grau. Aber im Haus brannten die Lichter. Warmes Licht, das wie eine Einladung erschien. Behaglichkeit, Komfort, Kultur.

Ihr Blick fing die Türme Dresdens ein.

Die Steinerne Glocke der Frauenkirche, die Kuppel der Kunstakademie, den Turm der Hofkirche und den der Kreuzkirche. Das Blaue Wunder erfasste der Blick, jene gigantische, den Elbstrom überspannende Stahlkonstruktion. Sogar die Fuhrwerke waren in Bewegung und Droschken und Fußgänger.

Dort war sie heimisch geworden in den vergangenen zwei Jahrzehnten. Das alles war ihr vertraut, war ihre Welt.

Dorthin würde sie zurückkehren. In einigen Wochen, einem Vierteljahr, vielleicht erst in vier Monaten. Es mochte Gerede geben, gab es sicher längst. Aber es war ihr gleichgültig, war ihr eigentlich immer gleichgültig gewesen.

Aber was würde es geben, wenn sie Straub nachkommen ließe, wenn sie fortan mit ihm leben würde. Nicht auszudenken, wie übel ihr mitgespielt werden würde. Insbesondere von den Frauen.

Neidisch wären sie mir, auf meinen jungen Mann, dachte sie. Spott und Häme würden sie über mich ausgießen, allerdings immer nur, wenn ich ihnen den Rücken zudrehe. Dafür würden sie alle meinem kleinen Wetterwart am liebsten an den Po und zwischen die Beine fassen und spüren, wie stramm er da überall ist.

Als sie dann mit ihren Worten die Stille auf der Wetterstation durchbrach, glaubte sie einen Moment lang, gar nicht selbst zu sprechen. Sie hatte das Gefühl, einer anderen Frau zuzuhören. Nicht nur, dass Lidia in diesem Augenblick ihre Stimme fremd vorkam, auch das, was sie hörte, schien ihr geradezu unglaublich.

»Was wäre, wenn wir im April versuchen würden, ins Tal zu kommen«, hörte sie sich sagen. »Wenn wir einfach hier verschwinden, bevor noch jemand heraufkommen kann. Und dann fangen wir irgendwo ein neues Leben an ...«

»Du bist verrückt«, sagte Straub. »Ich bin hier der Wetterwart. Ich habe hier meinen Dienst zu tun, bis ich abgelöst werde. Wie stellst du dir das vor? Du bist doch ... also wirklich ... ich glaub, du verträgst die Höhenluft nicht mehr ...«

Sie sah ihn sehr ernst an. So, als würde sie ihn einer letztmaligen Prüfung unterziehen. Innerlich schwankend, ob sie einen teuren Kauf tätigen sollte oder nicht. Nach gründlichem Abwägen sagte sie nur:

»Wird es dir irgendjemand danken, dass du den Dienstbeflissenen machst?«

Straub hätte Einwände genug gehabt.

Aber jetzt war nicht die Zeit dazu.

Es war die Zeit, den Himmel zu observieren, den Luftdruck zu messen und die Geschwindigkeit des Windes, um aus all den Zeichen, die sich dem Fachmann offenbarten, das Wetter des nächsten Tages und des übernächsten Tages abzulesen.

Das war jetzt seine Aufgabe. Im Institut warteten sie schon darauf.

12

Der Februar war auf eine Art und Weise stürmisch und bewegt, dass ihnen kaum noch Zeit blieb, sich über ihre weiteren Lebenswege im Allgemeinen und ihren Verbleib auf dem Berg viele Gedanken zu machen. In diesem Februar nahmen ihnen die jeweiligen Ereignisse und Situationen jede Entscheidung ab: Sie mussten tun, was getan werden musste. Und es erwies sich mehr als in den Wochen und Monaten bisher, dass die Natur in diesen großen Höhen unerbittlich und voller Gefahren war.

Zunächst war da diese ungeheure Schlechtwetterfront, die von Südwesten her heranrollte. »Schlechtwetter gibt es eigentlich gar nicht«, belehrte Straub Lidia. »Wir Meteorologen haben nicht diese Aufteilung in gut und böse, schön und schlecht. Für uns steckt jeder Tag voller meteorologischer Phänomene. Und es ist faszinierend, was da in den letzten Jahrzehnten alles erforscht worden ist. Und wahrscheinlich kommt da in den nächsten fünfundzwanzig Jahren noch viel mehr ...«

»Aber der Mensch wird sich das Wetter nie selbst machen können, oder?« Es war keine Frage. Es war irgendetwas zwischen Hoffnung und Zweifel.

»Das hättest du gern. Stimmt's?«

»Ach, ich weiß nicht. Ich mag es gerne, dass es Jahreszeiten gibt. Dass auf Warm Kalt folgt, und dass dann, wenn man schon glaubt, es nicht mehr aushalten zu können, plötzlich die Blumen kommen. Frühling. Den Frühling mag ich von allen Jahreszeiten am meisten ...«

»Sicher wäre es manchmal praktisch«, sagte Straub, »eine Maschine anschalten zu können, die einfach die Wolken davonbläst. Was glaubst du, welche Angst die Bauern haben, wenn Hagel droht. Oder die Männer, die zur See fahren: denen ist nichts an den Wetterphänomenen Sturm und Gewitter gelegen. Aber das Leben ist nun einmal voller Unwägbarkeiten. Und wahrscheinlich ist das gut so.«

Als dann allerdings zwei Tage später das Unwetter mit aller Gewalt übers Wettersteingebirge hereinbrach und sich dort, an den ungeheuren Felszacken, an den nackten Gletschern und in den tief eingefurchten Tälern festsetzte und einfach nicht mehr abzog, da verging selbst dem Wetterwart die berufsmäßige Sachlichkeit.

Dieser Sturm war gewalttätig, aggressiv, unnachgiebig. Er schlug mit solcher Härte gegen die meteorologische Station, dass die Drahtseile, mit denen sie überspannt war und die sie fest am Felsen halten sollten, ächzten und heulten. Der Turm vibrierte so stark, dass Lidia und Straub es in jeder Haltung durch den ganzen Körper spürten: ob im Stehen, Sitzen oder Liegen, es war ihnen, als wären sie auf einem Schiff, das in schwerer Dünung stampfte und rollte. Das war an sich schon schlimm genug. Nur, dass sie sich hier, auf dem hohen Berg, noch einsamer und verlassener vorkamen als auf einem Schiff.

»Ich war ja noch nie auf hoher See«, sagte Straub. »Kann gar nicht beurteilen, wie es mir erginge. Ob ich seekrank werden würde? Ich weiß es nicht.«

»Wahrscheinlich ginge es dir nicht besonders«, gab Lidia zur Antwort. »Ich habe es erlebt. Habe gesehen, wie Menschen über der Reling hingen oder wirklich grün im Gesicht vor den Waschräumen auf dem Boden saßen. Mir hat die See jedoch nicht viel anhaben können. Ein bisschen flau im Magen, das ja. Und bei Ankunft an Land noch einen halben Tag lang ein leichtes Schwindelgefühl. Dann war das vorüber. Aber ...«

»Aber was?«

»Ich habe mich auf dem Meer nicht so gottverlassen gefühlt wie hier. Da waren andere Menschen, viele, und das gab mir ein Gefühl von gewisser Sicherheit. Trügerisch, das gebe ich zu. Aber hier – was ist, wenn der Sturm den Turm aus den Verankerungen reißt? Wer könnte uns noch zu Hilfe kommen? Ich weiß gar nicht, warum immer wieder Expeditionen aufbrechen, um den Nordpol und den Südpol zu erreichen ...«

»Hat noch keiner geschafft«, warf Straub ein.

»Eben«, sagte sie. »Die könnten sich die weiten Strecken sparen. Bräuchten nur für einen Winter hier heraufzukommen. Schlimmer kann es am Nordpol auch nicht sein.«

Das Geschirr klirrte unablässig im Wandschrank. Die geschlossenen Fensterläden ruckten und bockten, als wollten sie sich aus ihren Verankerungen losreißen. Der Wind brachte die Ecken des Hauses, die Verkleidungen aus Blech, die Regenrinnen und die Geländer oben auf der Plattform zum Heulen, Jaulen und Pfeifen.

Stunde um Stunde ging das so. Den ganzen Tag über, und dann die ganze Nacht. Den Ofen mussten sie ausgehen lassen, weil der Sturm den Rauch nicht aus dem Kamin aufsteigen ließ: zurückgedrängt in die Feuerstelle, drang er durch alle Öffnungen am Herd in die Wohnstube.

Straub versuchte, die Luke zur Plattform aufzudrücken. Aber da lag schwer der Schnee darauf. So blieb ihm nichts, als in seinem Arbeitsraum ein Fenster zu öffnen und die Läden nach außen zu klappen. Was zur Folge hatte, dass der Sturm binnen Minuten im Zimmer ein Chaos anrichtete: die Unterlagen durcheinandergeweht, Schnee auf dem Schreibtisch, auf dem Stuhl, auf den Messgeräten.

Lidia hielt sich in der Stube darunter ein feuchtes Tuch vor Mund und Nase, sie öffnete die Ofentür und schippte Asche auf die Glut. Irgendwie musste sie das Feuer im Herd ersticken, bevor sie hier eine Rauchvergiftung erleiden würden. Ihre Augen tränten, und sie musste hinter ihrem vorgehaltenen Tuch ständig husten. Sie brannte sich den Handrücken in einem unachtsamen Moment am Rand des Schürtürchens, sie schrie kurz auf, riss die Hand hoch zum Mund.

»Ist was?«, hörte sie Straub aus dem Stockwerk darüber zu ihr herunterrufen.

»Hmhm«, verneinte sie. »Hmhm.«

Sie nahm die schmerzende Stelle zwischen die Zähne und sog daran, als ob es möglich wäre, den Schmerz damit aus der Haut herauszuziehen. Es half nichts. Und es war auch keine Zeit, sich noch mehr damit aufzuhalten. Noch immer qualmte es aus dem Ofen.

Als sie das endlich unter Kontrolle gebracht hatte, war die Wohnstube derart verraucht, dass es den Anschein hatte, hier hätte bis vor kurzem ein Großbrand gewütet. Und droben bei Straub herrschte ein schneeverwehtes Durcheinander, wie es schlimmer nicht hätte sein können.

Als sie schwer atmend zu ihm hinaufgestiegen kam und die Situation schnell erfasste, bot sie an, ihm behilflich zu sein.

Aber er schnauzte sie an, sie solle ihn in Ruhe lassen, sie habe ja keine Ahnung, und dass er in einer Stunde die Werte würde ermittelt haben müssen, und dass sie hier nur im Weg umginge.

Lidia stellte sich in eine Ecke des Zimmers, wo das Chaos noch am überschaubarsten wirkte, und tat nichts mehr, als Straub bei seinem hektischen Tun zuzusehen. Er schien völlig außer sich. Sie dagegen war ruhig, zumindest innerlich. Husten musste sie noch immer. Und ihre Augen tränten und waren rot gerändert. Doch Straub nahm davon keine Notiz.

Er klaubte Papiere auf, schüttelte den Schnee ab, versuchte sich einen Überblick zu verschaffen.

So hatte sie ihn noch nie gesehen, so verzweifelt, so ganz außer Rand und Band. Er konnte bisweilen mürrisch sein, manches Mal auch aufbrausend, wenn ihm bei den handwerklichen Arbeiten am Turm etwas nicht gleich so gelang, wie er das gern haben wollte. Aber das hier, das war etwas anderes. Und vor allem war es mehr als nur der Ärger über das Durcheinander und die Angst, seiner dienstlichen Verpflichtung erstmals nicht hinreichend nachkommen zu können. Es war wie eine Panik, wie ein mit Entsetzen untermauertes Erkennen der völligen Weltabgeschiedenheit und Verlorenheit hier auf dem Berg.

Zum ersten Mal erlebte Lidia beim Wetterwart Anselm Straub Angst.

»Was stehst du da so herum?«, maulte er. »Hast du nicht gehört? Du sollst mich in Ruhe lassen. Also, geh jetzt.«

Als er merkte, dass Lidia keine Anstalten machte, sich auch nur einen Schritt von ihrem Platz zu entfernen, trat er auf sie zu und schrie:

»Du sollst gehen! Hörst du nicht?«

Aber sie ging nicht. Sah ihn nur schweigend an. Steckte sich den schmerzenden Handrücken wieder in den Mund, saugte daran, ohne Straub dabei aus den Augen zu lassen. Er starrte sie mit großen Augen an. In beiden Händen hielt er Papiere. Sie waren nass und zerknittert. Und auf einigen war die Tinte verlaufen.

In völlig verändertem Tonfall setzte Straub neuerlich an: »Es ist … es ist alles durcheinander … alles. Es ist … jede Ordnung ist verloren gegangen …«

Mit einemmal tat er ihr leid. Sie nahm ihm die Blätter aus den Händen und legte sie neben sich auf den Boden. Sie erhob sich und strich ihm mit der Linken – die andere tat immer noch teuflisch weh – über die Wange und fuhr ihm durchs Haar.

Ein Junge, dachte sie, immer noch ein Junge. Wenn etwas nicht gelingt, dann stampft er mit den Füßen.

»Mach du deine Messungen«, sagte sie. »Das geht doch, oder? Und ich versuche, ein wenig System hier reinzubringen. Keine Sorge, ich richte bestimmt nicht mehr Schaden an, als ohnehin schon entstanden ist.«

Er stand einfach nur da und schaute sie an.

»Und sag jetzt nur nicht, dass ich verschwinden soll. Runter kann ich nicht. Da wird man geräuchert wie ein Stück Speck. Also …«

»Ich muss aber auch hinaus auf die Plattform«, sagte er. »Ich muss.«

Lidia war sich bewusst, dass es keine Chance gab, bei diesem Unwetter auf die Plattform zu gelangen. Wie sollte das auch gehen. Und natürlich wusste auch Straub um die Unmöglichkeit des Unterfangens.

»Von hier komme ich nicht raus«, sagte er. »Da liegt mindestens ein Meter frisch gefallener Schnee. Unmöglich.«

»Dann bleib hier«, sagte sie.

»Ich will die Windstärken messen, die Richtung, die Geschwindigkeit. Da langt es nicht, nur den Kopf aus dem Fenster zu halten. Ich steige außen über die Leiter hinauf.«

»Du bist verrückt«, sagte sie. »Das lasse ich nicht zu!«

Aber da war Straub schon auf der Treppe. Er stieg hinunter in ihren Wohnraum, maulte über den unerträglichen Rauchgeruch, schlüpfte in eine dicke Jacke, setzte sich die Fellmütze mit den Ohrenklappen auf und schob sich die Walkfäustlinge in die Jackentaschen.

Lidia war ihm auf den Fersen gefolgt, hatte mit angesehen, wie er sich halbwegs wetterfest ankleidete und ihn wahrhaft angefleht, nicht hinauszugehen. Aber es war vergeblich.

Straub schlüpfte in die hohen Stiefel. Er sah die Besorgnis in Lidias Augen, aber er lächelte nur. »Du brauchst keine Angst zu haben. Ich pass auf mich auf. Es ist nur Wind und Schnee, mehr nicht.«

Aber es war mehr als Wind und Schnee. Es war ein Inferno, wie es selbst der Wetterwart der oft sturmumtosten Zugspitze so noch nie erlebt hatte. Als er den Riegel der Außentür zurückschob, schlug ihn die Tür, vom Sturm aufgestoßen, fast zu Boden. Der Schnee, der ihm ins Gesicht peitschte, war kein Schnee mehr. Es mussten winzige Eiskügelchen sein, die ihn wie Nadeln trafen und sein Gesicht bis tief ins Fleisch hinein zum Schmerzen brachten.

Straub hielt sich die Hände vors Gesicht, wandte sich ab, wäre am liebsten in den Schutz des Wetterturms zurück. Aber so schnell wollte er nicht aufgeben. Er wollte auf den Turm. Auch wenn ganz tief drinnen in ihm eine leise Stimme sagte, dass es doch ohnehin sinnlos wäre.

Er tat einen Schritt nach draußen. Aber es war eigentlich kein Schritt – es war ein Wühlen im Schnee, der ihm fast bis zum Hosenbund reichte. Straub versuchte, eine Schneise zu treten, zu wühlen, zu walzen. Eine Schneise, die ihn links um den Turm gelangen lassen würde und hin zur Leiter. Trotz der eisigen Kälte war er binnen zwei Minuten schweißgebadet. Aber er machte auch Fortschritte. Er trieb den schmalen Gang im Schnee voran, immer einen Fußspann weiter. Mühselig, erschöpfend. Er tat es unnachgiebig und mit geradezu manischem Kampfgeist.

Er spürte Schnee in den Schuhen, erst kalt, dann schmelzend, spürte wie Schnee von oben in die Hose drang, spürte die Ärmel nass, die Hosenbeine nass, und er schnaufte, als litte er an der Schwindsucht.

Aber er machte weiter.

Der Sturm war so heftig, dass Straub einfach umgerissen worden wäre, hätte er nicht festgesteckt im Schnee. Und doch machte ihm die ungeheure Wucht dieses von Südwesten her über den Gipfel fegenden Orkans immer deutlicher, dass er den Turm nicht besteigen durfte. Diese Gewalt konnte ihn über die Brüstung fegen und ihn nordseitig hinabstürzen in das trostlose, steile, unerreichbare Niemandsland aus Eis und aus Schnee und aus Fels.

»Ich brauch das Seil«, schrie er. »Und die Laterne.«

Doch Lidia konnte ihn gar nicht hören. Sie war neben der Tür in Deckung gegangen; die Tür offen, der Schnee stieb herein, aber er traf sie nicht. Sie hatte Straub zunächst noch beobachten können, hatte gesehen, wie er sich durch den Schnee arbeitete, doch dann war er um die Ecke verschwunden. Sie glaubte, etwas zu hören, einen Ruf, einen Schrei! Aber es konnte auch der Sturm sein, der ohnehin alles übertönte.

Sie ging nicht hinaus. Sie hatte Angst davor, hinauszugehen. Angst davor, vom Wind hochgehoben und davongerissen zu werden. Sie drückte sich neben dem Eingang an die kalte Wand, stand im Windschatten und hoffte, dass Straub wiederkommen würde.

Wenn er nicht mehr kommt? Wenn der Sturm ihn fortreißt? Diese Gedanken erschreckten sie bis ins Mark. Nicht ein einziges Mal war ihr bisher in den Sinn gekommen, was wäre, wenn Straub etwas zustoßen würde. Und wie es wäre, ganz allein hier oben auf der Zugspitze zu sein. Noch Monate, bis irgendjemand würde kommen können.

Verrückt werde ich, dachte sie. Wenn das passiert, dann werde ich verrückt. Ich könnte das nicht aushalten, dachte sie. Und dachte zugleich, dass sie es vielleicht doch aushalten würde, irgendwie.

Doch dann stand Straub vor ihr, schneeverklebt von oben bis unten.

»Ich brauche ein Seil«, sagte er. »Und du musst mich sichern. Und die Laterne brauche ich auch.«

»Ich kann das nicht«, sagte Lidia. »Ich kann dich nicht sichern mit dem Seil. Ich weiß nicht, wie das geht. Und ich weiß nicht, was das soll. Kein Mensch kann verlangen, dass du da hinaufsteigst bei diesem Wetter.«

Straub holte das stabil geflochtene Hanfseil. Er löste den Knoten, der es zusammenhielt, nahm eines der Enden und schlang es sich um die Hüften. Er musste die Fäustlinge ausziehen, um es zubinden zu können.

»Schling das Seil um den Eisenstift neben der Tür«, sagte er. »Und gib es dann ganz langsam nach. Ich versuche, es an der Leiter so zu befestigen, dass es mich sichert, aber nicht festbindet. Wenn du einen gehörigen Ruck verspürst, dann musst du es festhalten, mit aller Kraft. Nur nicht loslassen! Verstehst du. Mein Leben kann davon abhängen.«

»Du bist völlig übergeschnappt«, sagte Lidia. »Das ist doch Selbstmord, da hinaus und dann noch auf den Turm.«

»Ich muss es versuchen. Wenigstens versucht haben will ich es.«

»Und die Laterne?«

»Zum Teufel mit der Laterne. Noch sehe ich ein bisschen was. Und bestimmt werde ich keine Hand frei bekommen, um die Laterne halten zu können. Es muss so gehen.«

Und dann lehnte er sich wieder hinaus in den fürchterlichen Wind, erduldete die Nadelstiche in seinem Gesicht und die Kälte, die sich durch die dicke aber feuchte Kleidung fraß bis auf seine Knochen. Lidia blieb nichts übrig, als das Seil zu nehmen und es ihm nachzuführen, immer weiter, mit jedem Schritt, den er tat. Ihre eiskalten Hände krampften sich um das raue Seil, und sie hatte Zweifel, dass sie Straub würde halten können, wenn ihn – Gott behüte – eine Bö über den Rand der Terrasse vor dem Münchner Haus wehen würde ...

Meter um Meter gab sie Seil aus. Ganz langsam, ruckartig wurde es gleichsam immer wieder angefordert. So bekam sie eine Vorstellung davon, wie schwierig es war, sich jetzt dort draußen fortzubewegen und wie langsam ein Mensch dabei vorankam.

Wieder ein kleiner Ruck, und wieder einer. Dann nichts mehr.

Straub zog nicht mehr. War ihm etwas geschehen? Sie hätte rufen wollen, aber sie hatte eingesehen, dass sie nicht ankam gegen den Sturm.

Ganz vorsichtig zog sie am Seil, aber es gab auch in ihrer Richtung nicht nach. War er im Schnee zusammengesunken? Erschöpft? Oder vielleicht von irgendeinem aufgewirbelten Gegenstand am Kopf getroffen?

Am liebsten wäre sie hinaus in den Sturm, um nach ihm zu sehen. Aber sie musste ja das Seil halten. Denn genauso gut konnte er ja schon mitten auf der Leiter sein, und da durfte sie ihn keinen Moment lang loslassen.

Sie begann zu rufen und zu schreien, gegen ihr besseres Wissen und gegen alle Vernunft. Das Schreien tat ihr wenigstens gut, es übertönte das

Gefühl der Ohnmacht und das Gefühl des Verlassenseins.

»Anselm! Mein Gott, Anselm! Sag was! Straub! Wetterwart, verfluchter, melde dich! So sag doch was!«

Es kam keine Antwort. Nur der Wind heulte, fluchte, scharrte, donnerte und pfiff. Aber plötzlich bewegte sich das Seil wieder durch ihre Hände, zwanzig Zentimeter oder dreißig, dann wieder Stillstand.

Wieder warten, aber jetzt mit Hoffnung. Straub war da draußen und bewegte sich. Das Seil zerrte an ihren Händen, zwanzig Zentimeter gab sie es nach, dann lag es wieder reglos.

Lidia war ganz sicher, dass er an der Leiter war. Sie war nie an dieser Leiter hochgestiegen, die an der Außenfassade verankert war und senkrecht zur Plattform hinaufführte. Bei gutem Wetter, da gab es für sie keinen Zweifel, da hätte sie das schon machen können. Aber bei diesem Sturm, bei dieser Kälte ...

Ich könnte mich keine halbe Minute an der Leiter festhalten, dachte sie. Und ich würde sterben vor Angst.

Wieder ein kleiner Ruck.

Wenn sie keine Bewegung am Seil spürte, zog Lidia daran. Nur ganz leicht, vorsichtig. Aber bisher hatte sie immer gleich starken Widerstand verspürt. Diesmal aber nicht. Das Seil ließ sich von ihr einziehen, als wäre kein Mensch an seinem anderen Ende. Meter für Meter holte sie ein. Und dann stand plötzlich Straub in der Tür, schneeverkrustet und zitternd.

»Es geht nicht. Es ist unmöglich.«

Sie zog ihn ins Innere der Station und drückte mit ihrer ganzen Kraft die Türe zu. Sie sagte ihm nicht, dass sie von Anfang an um die Sinnlosigkeit seines Unterfangens gewusst hatte. Sie sagte nur: »Gut, dass du wieder da bist.«

Und dann schnürte sie den vereisten Knoten auf, mit dem er sich das Seil um den Bauch gebunden hatte.

»Es ging einfach nicht«, keuchte er. »Ich bin bis zur Hälfte hochgekommen. Aber da habe ich mich fast nicht mehr halten können. Du machst dir keine Vorstellung ...«

Sie half ihm aus den Stiefeln und nahm ihm die völlig durchnässte Oberbekleidung ab. In der rauchigen Wohnstube rieb sie ihm mit einem Handtuch das Gesicht trocken und dann half sie ihm aus dem Hemd und aus den Beinkleidern. Es war kühl im Raum; der Ofen hatte nicht lange nachgeheizt, und die Kälte dieses Tages ging sogar durch die dick isolierten Wände. Trotz alledem versteifte sich Straubs Glied ein wenig.

Als aber Lidia sich daran machte, es mit dem Handtuch zu voller Größe zu reiben, wies Straub sie ab.

»Ich muss wenigstens die Werte notieren, an die ich herankomme. In München warten sie auf meine Meldung.«

Was durchaus stimmen mochte. Doch warteten sie in der Stadt vergeblich. Denn als Straub seine meteorologischen Erkenntnisse gesammelt und in seiner Kladde vermerkt hatte, musste er zu seinem tiefen Erschrecken feststellen, dass die Telefonleitung tot war.

So tot wie die beiden Finken, die an diesem grauenvollen Nachmittag rauchvergiftet und von Lidia und Straub unbemerkt von ihrer Stange im Käfig gefallen waren.

13

Nach vier Tagen bekamen sie wieder Kontakt zum Institut. Es waren die angstvollsten Tage, die sie auf der Zugspitze verbrachten. Der Turm erzitterte im anhaltenden Orkan, und sie fühlten sich auf schwere See versetzt: in einem Schiff, das jeden Moment bersten und untergehen konnte.

Den Ofen brachten sie in diesen vier Tagen nicht mehr zum Brennen. Sie zogen sich so viele Schichten an, wie nur irgendwie möglich. Und doch froren sie und sie sahen auch drinnen im Haus ihren Atem in feinen Wölkchen aufsteigen. Ihre Nerven waren gereizt. Oft gifteten sie sich an in diesen schweren Stunden, wo sie sich wie die verlorensten Menschen auf der Welt verkommen mussten.

Vier Tage lang konnten sie sich keine warme Mahlzeit bereiten. Sie hatten auch so genug zu essen, aber sie sehnten sich nach einer Suppe, nach Tee, nach einem Brei, nach Bratkartoffeln. Sie hungerten nach Wärme.

Und wenn sie sich auch tagsüber immer wieder in die Haare gerieten, so waren sie sich nachts so nahe wie nie. Unter vielen Decken schliefen sie eng umschlungen, sie wärmte ihn und er wärmte sie. Sie roch seinen Schweiß, seine fettigen Haare. Er roch ihren Schweiß und mehr noch das Süßsaure ihrer Tage. Es machte ihm nichts aus. So wie es ihr nichts ausmachte, am Morgen seinen schlechten Atem vor dem Gesicht zu haben.

Wenn mir das nichts ausmacht, dachte sie, könnte ich vielleicht ganz mit ihm zusammenleben. Nach dieser Zeit auf dem Berg.

Als das lange verstummte Telefon wieder schrillte, glaubten Lidia und Straub einen Augenblick an ein Wunder. Dann kam das Gefühl der Erlösung. Sie waren noch allein. Aber nicht mehr so allein wie Schiffbrüchige in ihrem Rettungsboot inmitten des Ozeans.

»Die Leitung war zwischen Murnau und München unterbrochen. Da hat der Sturm die Masten umgelegt. Und wir haben geglaubt, hier am Berg wäre der Schaden entstanden.«

»Ist ja egal«, sagte Lidia. »Hauptsache, es geht wieder.«

Dass dann auch der Sturm nachließ, dass die Atmosphäre an Bedrohlichkeit verlor, dass sie wieder heizen, wieder kochen, wieder halbwegs normal leben konnten, war eine ungeheure Erleichterung. Die Angst fiel von ihnen ab, und mit der Angst verschwand Straubs Gereiztheit und Lidias Launenhaftigkeit der vergangenen Tage.

Sie konnten wieder atmen. Die See war ruhig. Das Schiff hatte einige Schrammen abbekommen, aber es lag noch immer gut im Wasser. Jetzt war Gelegenheit, die vielen Zentner Schnee von der Plattform und von der Terrasse zu schaufeln. Die losen Schindeln an den Außenfassaden von Wetterstation und Münchner Haus konnten ersetzt werden – in der Hütte des Alpenvereins waren zwei Stapel auf Vorrat gelagert. Lidia lüftete die Stube, der eine unerfreuliche Geruchsmischung aus kaltem Rauch, Schweiß, Strümpfen und verbrauchtem Atem anhaftete, und sie schaffte in Straubs Arbeitszimmer wieder Ordnung.

Als dann auf die Wetterberuhigung der Sonnenschein folgte, bekam ihr Dasein auf dem Berg eine fast schon idyllische Note. Prachtvolle Stimmungen und Panoramen am Morgen (was Lidia allerdings nur selten mitbekam, weil sie nun wirklich keinen Grund hatte, so zeitig aufzustehen), und fast noch intensivere Landschafts-, Himmels- und Wolkenbilder in der halben Stunde zwischen Nachmittag und Abend (was sie nur zu gern mit Straub gemeinsam erlebte: Da stand sie dann in ihren warmen Sachen neben Straub, die Mütze über die Ohren gezogen, die dicken Handschuhe an, und sog Augenblicke ein, von denen sie wusste, dass sie sich für lange, vielleicht für immer daran erinnern würde).

Es kehrte wieder so etwas wie Normalität ein auf beinahe dreitausend Metern Höhe. Straub machte seine Messungen und Meldungen, Lidia kümmerte sich um den Haushalt, sie genossen die Zweisamkeit in der einzigartigen Umgebung und sie liebten sich nicht nur in der Nacht, sondern bisweilen auch während des Tages. Dann zur Musik aus dem Grammophon und am liebsten, wenn ein wärmender Sonnenstrahl durch eines der Fenster auf ihre Körper fiel.

Einige Tage lang taten sie einfach so, als ob sie nicht bald zu entscheiden hätten, wie ihr Leben weitergehen sollte, wenn sie dereinst den Gipfel verließen.

Einige Tage lebten sie in einer dünnluftigen Traumwelt, die es gestattete, die Zukunft auszublenden und glücklich zu sein in dem Gefühl, dass dieses Jetzt nicht mehr aufhören würde. Ja, sie hätten sich durchaus vorstellen können, dass drunten im Tal, in den Ebenen, in den Städten und den Dörfern, die Zeit voranschritt, bei ihnen aber, auf ihrem hohen Berg, stehen geblieben war.

An manchen Tagen hatte nun die Sonne schon viel Kraft. Da konnte Lidia in den Mittagsstunden draußen sitzen. Sie legte eine zusammengefaltete Decke als Polster auf einen Stuhl, und Straub schlang ihr eine oder zwei Decken um: da, wo es windstill war, wo das Schindelholz die Sonnenwärme aufgenommen hatte und nun wieder abstrahlte, da war es herrlich zu sitzen, das Panorama zu genießen oder einfach nur zu dösen oder zu träumen.

Braun wurde sie, braungebrannt war Lidia in wenigen Tagen. Aber sie bekam – zum Glück – keinen Sonnenbrand. Straub war da empfindlicher. Ihm hätte das nicht gut getan, sich eine oder zwei Stunden in die Sonne zu setzen, die in dieser Höhe noch viel intensiver wirkte als im Tal. Auch mit den Augen bekam er schneller Probleme als sie: Der Schnee reflektierte das Sonnenlicht so stark, dass ihm die Augen schnell zu tränen begannen. Ohne Gletscherbrille hätte er sich in Nullkommanichts eine schmerzhafte Schneeblindheit eingefangen. Ansonsten aber war Straub robust. Schon von jeher gehörte er zu jenem Menschenschlag, den die herumschwirrenden Viren und Bakterien scheinbar nicht gefährden können. Gab es eine Grippeepidemie, so erwischte sie in seiner Verwandtschaft und seinem Bekanntenkreis fast alle (eine Tante und eine Cousine waren vor Jahren an der Grippe gestorben), ihm aber schien sie nichts anhaben zu können. Oder wenn im Anschluss an ein Studentenfest alle über verdorbene Mägen zu klagen gehabt hatten – sei es, weil das Essen schon über die Zeit war oder auch nur, weil das Durcheinander der gereichten Alkoholika alles andere als verträglich war, so tat ihm das nicht viel: ein gelinder Kopfschmerz, vielleicht ein paar Mal saures Aufstoßen, dann war auch das wieder aus der Welt. Und hier oben, wo es in der reinen Luft kaum Keime gab, da war er so unverletzlich wie der Siegfried aus der Nibelungensage, die er als Kind so gerne gehört und dann gelesen hatte.

Das Bewusstsein für die Zeit danach kehrte in Lidia auf sonderbare Weise zurück.

»Würden Sie mit mir um die Welt gehen wollen?«

Sie teilte seit Monaten sein Leben und die Schlafstatt, gewährte ihm die Vergnügungen, die ihr Körper zu bieten hatte, nahm sich reichlich von dem, was der seine geben konnte – und er siezte sie!

Was ist nur in ihn gefahren?, dachte sie.

Er saß in seinem Arbeitszimmer und hatte zunächst gar nicht bemerkt, dass sie die Stiege heraufgekommen und eingetreten war. Er hatte einen Ellbogen auf dem Tisch aufgestützt, das Kinn in die Hand gelegt und die Wand angesehen. Er musste tief in Gedanken versunken gewesen sein. Denn er bemerkte sie erst, als sie unmittelbar in sein Blickfeld trat. Da hob er leicht die Augen, er erkannte sie – genau das war ihr Eindruck: dass er sie erkannte – und sagte völlig unvermittelt:

»Würden Sie mit mir um die Welt gehen?«

»Was? Was redest du da? Um die Welt...«

Dass sie ihn mit Du ansprach, holte ihn gänzlich in die Wirklichkeit zurück.

»Oh, entschuldige«, sagte er. »Ich war ganz in Gedanken.«

Er lächelte sie an.

»Ich habe hier gearbeitet ... und dann hat mich irgendetwas abschweifen lassen ... um Jahre zurück ... ich war noch ein ganz junger Mann ...«

»Bist du immer noch, ein junger Mann«, sagte sie und legte ihm die Hand auf die Schulter. »Ein gut aussehender, manchmal ein bisschen eigenbrötlerischer junger Mann ...«

Straub freute sich über den Tonfall in ihrer Stimme: es lag Ernst und Aufrichtigkeit darin, Freude und auch ein Hauch von Begierde.

»Mir ist eingefallen, dass damals in München drei Männer aufgebrochen sind, zu Fuß um die Welt zu gehen. Ich könnte dir nicht sagen, ob ich dabei war oder ob es in der Zeitung stand oder ob ich es einfach nur von meinem Vater gehört habe, der für solche abenteuerlustigen Wirrköpfe ein gewisses Faible hat. Ich weiß jedenfalls, dass diese Männer beim Kaufhaus Oberpollinger verabschiedet wurden und dann aufgebrochen sind. Einer von ihnen hieß Stumpf oder Stimm oder Strupp, irgendwie so. Wie gesagt, ich weiß das alles nicht mehr so genau. Aber die Reiseroute der Männer ist ... ich weiß nicht, wie ich es erklären soll ... sie ist mir irgendwie vertraut, geläufig. Ich sehe sie vor mir, wie eingezeichnet in eine Weltkarte. Ganz deutlich. Gerade so, als hätte ich jede Etappe der Weltenbummler mitverfolgen können.«

Er sah in Lidias fragende Augen. Die Andeutung eines Lächelns lag in ihren Augenwinkeln, in jenen winzigen Fältchen, die er sehr liebte, die er so gerne betrachtete, wenn er, auf oder an ihr liegend, Lidias Reaktionen auf seine rhythmischen Bewegungen beobachtete.

»Ich versteh es ja selbst nicht. Aber ich bin mir ganz sicher, dass es genau die Route ist, die von den Männern eingeschlagen worden ist: Über

Wien und die Türkei nach Persien. Dann Indien und China. Japan. Hast du je von der strengen Schönheit der Klostergärten in Kyoto gehört? Und dann durch Amerika, vom Westen in den Osten – soweit ich weiß, sind die Männer nach eineinhalb oder zwei Jahren nach Deutschland zurückgekehrt, wohlauf.«

»Und das ... nein, ich glaube es nicht ... das möchtest du jetzt auch machen?«

»Wenn ich eh nirgends hinkann, wäre es da nicht am besten ... ich meine, wäre das nicht der beste Grund, die Welt zu erkunden?«

Sie musste lachen über so viel Jungenhaftigkeit.

Einfach alles stehen und liegen lassen und wie ein Vagabund durch die Welt ziehen, dachte sie. Ist doch verrückt.

»Und dann?«, fragte sie. »Was machst du dann? Wenn du Glück hast, kommst du herum um die Welt. Wenn du Pech hast, ermorden dich Räuber oder fressen dich Raubtiere oder du stirbst an einer Urwaldkrankheit oder verdurstest in der Wüste. Aber angenommen, du schaffst es: Was dann? Das Leben ist ja nicht vorbei danach.«

»Ich rede nicht von mir«, gab er zur Antwort. »Ich rede von uns.« Und sein Blick war alles andere als jungenhaft.

»Ich suche nämlich nach einer Zukunft. Vielleicht will ich erst einmal auch nur Zeit gewinnen, Zeit mit dir. So genau weiß ich das noch nicht. Aber ich mach mir wenigstens Gedanken über das, was wir tun könnten, wenn wir die Station verlassen werden. Also, lach mich nicht aus. Das vertrag ich überhaupt nicht.«

Als der Schnee sich gesetzt und verfestigt hatte – tagsüber herrschte leichtes Tauwetter, nachts noch immer strenger Frost – erhielt Straub eine ganz und gar ungewöhnliche Nachricht. Als er telefonisch seine Meldung gemacht hatte, sagte sein am anderen Ende der Leitung diensthabender Kollege ganz beiläufig: »Jetzt bekommst du ja bald Besuch. Freust dich?«

Es gelang Straub nicht, seine völlige Überraschung, die schon an Fassungslosigkeit grenzte, zu verbergen.

»Ich dachte, du weißt es längst«, sagte der Kollege. »Winkelhofer versucht einen winterlichen Aufstieg auf die Zugspitze. Er und zwei Seilgefährten, nicht so bekannt wie er, aber schon auch gute Leute. Maly und Grimm. Vielleicht hast ja schon mal von ihnen gehört...«

Nein, von Grimm und von Maly hatte er noch nie gehört. Aber von

Winkelhofer, dem großen Alpinisten, der in den Dolomiten schwierigste Routen durchgeführt hatte, der auf zahlreichen Viertausendern in der Schweiz und in Frankreich gestanden war, der, so hieß es, nach dem Himalaya strebte. Der aber auch nicht unverwundbar war.

»Aber es ist unmöglich!«, sagte Straub. »Gegen die Lawinen ist selbst ein Winkelhofer machtlos.«

Sein Kollege lachte. »Da unterschätzt du den Winkelhofer. Der will auf einer Route zu dir rauf, die noch keiner geschafft hat. Schwierig, sagt er. Sehr schwierig. Dafür aber nicht von Lawinen bedroht.«

»Wo soll das dann sein?«

»Ich kenn mich da natürlich nicht ganz so gut aus. Ich war am Kreuzeck, bin unter der Alpspitze durchgewandert und auf einem schmalen Steig hinunter ins Reinthal. Jedenfalls sind Winkelhofer und seine Gefährten vorgestern zum Kreuzeckhaus aufgestiegen. War sogar in der Zeitung was drüber dringestanden ...«

»In der Zeitung?«

»Ja! Er ist ein bisschen ein Großkotz, der Winkelhofer. Aber dann hält er ja meist auch, was er vorher vollmundig ankündigt ...«

»Was hat die Zeitung geschrieben?«, unterbrach ihn Straub.

»Ja, auswendig gelernt habe ich es nicht. Dass Winkelhofer mit seinen Bergkameraden Maly und Grimm einen neuen Aufstieg zur Zugspitze finden will. Im Winter. Sehr gewagt. Durchs Grieskar in die Scharte zwischen Alpspitze und Hochblassen. Und dann über den messerscharfen Grat, der die Höllenthalspitzen verbindet und der bei dir am Gipfel endet.«

»Unglaublich«, sagte Straub. Und nach kurzer Stille fügte er hinzu: »Das schaffen die nie.«

Gleich nach dem Telefonat zog sich Straub die genagelten Stiefel und seine warmen Sachen an, er nahm den langen Pickel vom Haken und stapfte hinaus.

»Wohin willst du denn, um Gottes willen?«, rief ihm Lidia nach.

»Muss nur was nachsehen«, rief er zurück. Bin in zwanzig Minuten wieder da. Spätestens in einer halben Stunde. Kannst schon mal einen Tee richten.«

Seit Tagen war kein Schnee mehr gefallen, die Terrasse vor dem Turm und dem Münchner Haus hatte er längst frei geräumt. So war es ihm heute ein Leichtes, dorthin zu gelangen, wo das kleine Stück Zivilisation auf dem Zugspitzgipfel aufhörte und unvermittelt überging in Fels und Eis und Schnee. Es waren nur ein paar Höhenmeter zum leuchtenden Kreuz am Ostgipfel. Die aber hatten es in sich: Zuerst musste er ein Stück abklettern – eigentlich nicht schwer, aber gefährlich. Der feste Fels war teils vom Schnee bedeckt, teils war er von dünnen Eisschichten überzogen. Da musste jeder Tritt genau sitzen, und die Hände durften nicht fehlgreifen.

Die ehernen Nägel seiner Sohlen kratzten übers Gestein. Ein Geräusch, das er nicht gern hatte. Aber er war sich seiner Fähigkeiten gewiss. Er behielt die Ruhe und erreichte nach wenigen Minuten schon die tiefe Einkerbung vor dem Gipfel.

Dort ging es jetzt so beschwerlich und gefahrvoll hinauf wie zuvor in die Scharte hinunter. Doch das Hinaufsteigen war viel angenehmer, trotz der widrigen Verhältnisse. Aber bergauf hatte er die eigentlichen Probleme immer in Augenhöhe, und das machte die Sache leichter. Er überwand das steilste Stück, wo am Fels nur wenig Schnee haftete, er erreichte die Geländeschulter knapp unterhalb des Gipfelkreuzes und er stapfte von dort unter Einsatz seines Eispickels hinauf zum höchsten Punkt.

Das Erste, was er dort angekommen dachte, war: Ich habe mir viel zu selten Zeit genommen dafür, hier heraufzusteigen.

Es war ein besonderer Ort und eine besondere Stunde. Spätnachmittag, die Sonne stand schon tief und ihr Licht war golden. Die felsigen Bergspitzen leuchteten in einem warmen Orangeton und die Schneefelder trugen ein mildes Ocker. Das flachere Land, das sich weit draußen und mehr als zweitausend Meter tiefer nordwärts erstreckte, lag schon in den ersten Farben des Frühlings: Der Schnee war fort, und die Wiesen versuchten sich in einem frühen zarten Grün.

Straub stand am allerhöchsten Gipfel, den es weitum gab. Weiter im Süden, jenseits des Inntales, waren die Berge höher, das wusste er natürlich. Aber von hier gesehen waren sie es nicht.

Er durfte sich ganz und gar erhaben fühlen. Fast wie ein Herrscher über diese hochalpine Welt. Er schüttelte dieses Gefühl von sich ab. Er wusste, dass er Herrscher und Gefangener zugleich war. Das ließ die Erhabenheit rasch wieder verfliegen.

In östlicher Richtung wand sich der endlos lange Grat über die Höllenthalspitzen und den Blassen wie der Schwanz eines riesigen und bösen Drachen. Auf mehreren Kilometern Länge wechselten scharfe Bergspitzen mit tiefen Einschnitten und überwächteten Gratschneiden.

Irgendwo in diesem schaurigen Gelände mussten die Bergsteiger sein. Aber sehen konnte er niemanden.

Der Zugspitz-Aufstieg von der Alpspitze her, die Vollkarspitze und die Höllenthalspitzen überschreitend – in Bergsteigerkreisen als Blassenkamm bekannt – war im Sommer ein ernsthaftes alpinistisches Unterfangen. Nur beste Bergsteiger durften sich daran wagen – solche, die sich überschätzten, mussten zuvor ihr Testament gemacht haben. Schließlich war die Chance, in Lebensgefahr zu geraten, gar darin umzukommen, alles andere als gering.

Dass es gut zehn Jahre her war, da der verschrobene Alleingänger Emil Diehl den ganzen Grat überschritten hatte, das wusste Straub. Aber, dachte er angesichts der extremen Winterlandschaft, die sich jetzt vor ihm auftat, da war es Sommer gewesen. Im Winter, auch das wusste er, hatte sich noch niemand auf so ein Himmelfahrtskommando eingelassen. Und er, der selbst so gern zu Berge stieg und dabei schon auch einmal kräftig zupackte, er hätte seinen Fuß nicht für viel Geld auf diesen verschneiten, vereisten, schneeverklebten und firnverkrusteten Grat setzen wollen.

Wahnsinn, dachte er. Wahnsinn ist das.

Er hielt sich die Hand über die Augen, spähte über den Grat hinweg. Nichts war zu sehen.

Was aber nicht hieß, dass die Männer nicht irgendwo dort draußen waren. Der Grat war zerfurcht und zerklüftet, und daher nur zu einem Teil einsehbar.

Ob sie umgekehrt sind?, dachte Straub. Vielleicht haben sie ja eingesehen, dass diese Tour ein Hasardspiel ist. Oder es hat ihnen jemand klargemacht, dass sie, sollte ihnen der Anstieg gelingen, festsäßen auf der Station, wochenlang im Münchner Haus.

Sie werden doch nicht glauben, dass sie auf dem Grat auch wieder zurückgehen können...

Straub rief ihre Namen. Rief »Win-kel-ho-fer ... Maaa-ly ... Griiiiimm!« Rief »Haaa-llooooh ...« Schwieg dann, um eine mögliche, aus der Ferne kommende Antwort nicht zu überhören. Aber da war nichts. Nicht einmal ein Echo. Hier heroben verflüchtigte sich seine Stimme, die Laute flogen davon wie Zugvögel im Herbst und sie ließen ihn allein mit sich und der alles umgebenden Stille.

Er hatte kein gutes Gefühl.

14

Die Stimmung auf der Station war gedrückt, und sie wurde noch gedrückter, als Straub vom Schicksal der Bergsteiger erfuhr.

Er war mindestens zweimal täglich zum Kreuz hinaufgestiegen, hatte gerufen und Ausschau gehalten, war jedoch immer ergebnislos zum Haus zurückgekehrt. Von Winkelhofer, von Grimm und Maly kein Lebenszeichen.

Auch seine Kollegen am Telefon wussten ihm zunächst überhaupt nichts über den Verbleib der tollkühnen Seilschaft zu berichten. Und als sie ihm dann etwas mitteilen konnten, war dies alles andere als erbaulich.

»Die Frau vom Winkelhofer hat die Polizei eingeschaltet. Zuerst hat sie jeden Tag bei uns hier angefragt, ob ihr Mann und seine Gefährten nicht vielleicht doch bei dir auf der Station angekommen wären. Die Polizei hat herausgefunden, dass die Gruppe vor fünf Tagen am Kreuzeck aufgebrochen ist ...«

»Vor fünf Tagen! Weißt du, was das heißt? Da gibt es keine Hütte unterwegs, nichts, wo man sich in den eisigen Nächten verkriechen könnte.« Straub dachte kurz nach. »Die müssen erfroren sein. Das überlebt kein Mensch in dieser Höhe. Oder ...«

»Oder was?«

»Oder sie sind abgestürzt. Was anderes kann ich mir nicht vorstellen.«

Er war wortkarg in jenen Tagen. Lidia wusste, warum. Auch sie lebte in der Furcht um die drei Bergsteiger. Dass sie erfrieren würden, vielleicht nur ein paar hundert Meter von ihnen entfernt. Oder dass sie plötzlich auftauchten, mehr tot als lebend, vielleicht wahnsinnig geworden von den unmenschlichen Strapazen.

Sie wusste aber auch, dass diese Sorge nur der Tropfen war, der das Fass zum Überlaufen brachte. Sie lebten jetzt seit Monaten auf engem Raum zusammen, sie liebten sich, sie stritten miteinander, sie ertrugen die Launen des jeweils anderen, und sie konnten sich nicht entkommen. Dazu kam ihre ungewisse Zukunft: Sollten sie bleiben, bis die Ablösung kam, oder sollten sie sich davonstehlen, wenn die Wettersituation es zulassen würde? Und was dann?

Wenn, dachte sie, wenn überhaupt, dann möchte ich mit ihm etwas Neues anfangen. Nicht in Dresden, nicht in den Alpen, sondern irgendwo anders. Vielleicht dort, wo ich herkomme, wo mich niemand mehr kennt und wo ihn niemand kennt.

Aber sie wusste auch nicht, ob sie es wirklich wollte. Doch dass sie von der Zugspitze wegwollte, dessen war sie sich ganz gewiss. Fort von hier, sobald es nur ging. Mit ihm? Ja, mit ihm.

Es war entsetzlich! Alle drei waren tot. Man hatte zwar nur Winkelhofer gefunden, aber es konnte keinen Zweifel geben, dass auch Maly und Grimm gestorben waren.

Ein paar mutige Männer, darunter der alte Dengg, waren von Garmisch aus aufgebrochen. Sie hatten eine Nacht im Haus am Kreuzeck verbracht, um sich zeitig am nächsten Morgen auf den Weg zu machen. Den einzigen Weg, der für eine Ersteigung der Zugspitze über den langen Grat in Frage kam. Natürlich hatten sie nicht vor, den Grat zu überschreiten – lebensmüde waren diese Männer nicht.

Sie wollten den Bergsteigern entgegengehen, schauen, ob sie irgendwo auf sie stießen, auf die lebenden oder auch die toten.

»Noch in der Dunkelheit sind sie los«, berichtete der Kollege aus München Straub am Telefon. »Sie hatten sich vorgenommen, nur so weit zu gehen, dass sie auch abends, spätestens in der Nacht wieder zum Kreuzeck zurückkehren könnten. Ich weiß nicht, wie gut du dich da auskennst ...«

Straub war nie weiter als bis zum Kreuzeck gegangen. Aber seit er von den drei Bergsteigern erfahren hatte, lag eine Karte des Wettersteingebirges aufgefaltet auf dem Arbeitstisch. So konnte er recht gut nachvollziehen, wie zuerst Winkelhofer, Grimm, Maly, und nun die Helfer aufgestiegen waren.

Sie waren in weitem Bogen unter der Nordwand der Alpspitze hindurchgequert, hatten mit viel Mühsal jene Stelle erreicht, wo im Sommer der kleine, eiskalte Stuibensee lag, und waren sodann durch das Grießkar angestiegen. Angstvoll, wegen der erheblichen Lawinengefahr in dieser breiten Rinne, und schwer keuchend wegen des hüfttiefen Schnees, durch den sie abwechselnd spuren mussten, waren sie hinauf bis zur Grießkarscharte in über zweitausendvierhundert Metern Höhe gekommen.

»Fünf Männer sind hinauf, aber drei waren an der Scharte dann am Ende. Nur Dengg und ein anderer sind noch weiter. Steiles Gelände hinauf bis dorthin, wo der Grat anfängt.«

Straub wusste ja schon, dass alles ein schlechtes Ende genommen hatte. Aber er drängte darauf endlich zu erfahren, was sich genau ereignet hatte.

»Dieser Bergführer Dengg fand den Toten, bei dem es sich um den berühmten Bergsteiger Winkelhofer handelt. Er saß im Schnee, habe ich gehört, als ob er in einem Sessel schliefe. Aber ein Arm stand steif gefroren von ihm ab. Dengg hat vermutet, dass er schon mindestens zwei Tage und zwei Nächte so dort gesessen haben muss.«

»Und die anderen?«, unterbrach ihn Straub. »Was ist mit denen?«

»Sie vermuten, dass die abgestürzt sind. Dengg und sein Kollege haben alles abgesucht, aber keine Spur von ihnen entdeckt. Wahrscheinlich sind sie vom Grat in die Tiefe gestürzt, Grimm und Maly, woraufhin sich Winkelhofer allein zurückgekämpft hat, bis auch er am Ende war ...«

»Fürchterlich«, sagte Straub. »Das ist so fürchterlich.«

Dabei hätte alles noch schlimmer kommen können. Wenn nämlich die Suchmannschaft nicht rechtzeitig zum Kreuzeck zurückgefunden hätte oder wenn die tapferen Männer in eine Lawine geraten wären.

»Haben sie Winkelhofer bergen können?«

»Nein. So weit ich weiß, hat Dengg ihn in seinem eisigen Grab sitzen lassen. Sie werden ihn im Frühsommer holen, wenn der Zugang ungefährlich und weniger mühsam ist. Und dann wird der Winter wohl auch die anderen Leichen freigeben. Irgendwo wird man sie finden, über kurz oder lang.«

Für Straub war das Wissen um den Tod der Bergsteiger ein schwerer Schlag. Er hatte keinen von ihnen persönlich gekannt, auch Winkelhofer nur vom Namen her. Und doch war ihm jetzt, da sie tot waren, so als wären es seine Freunde gewesen.

Es ist Unsinn, dachte er.

Mürrisch versah er seinen Dienst. Er verkroch sich in sein Arbeitszimmer, wann immer es ging. Und er bemerkte an sich selbst, dass er Lidia auswich. Er wollte mit sich alleine sein. Es war wieder einmal an der Zeit, eine Entscheidung zu treffen.

»Hast du dir schon überlegt, wie es mit uns weitergehen soll«, fragte Lidia, als sie am kleinen Tisch zu Abend aßen. »Du weißt, was ich meine ...«

Er wusste es. Sie wollte mit ihm weggehen, die Station verlassen, hinunter ins Tal und dann fort und irgendwohin. Aber die Vorstellung davonzulaufen war so neu für ihn. Ganz fremd war ihm dieser Gedanke. Und da war eine Stimme, die sagte: Man kann das nicht tun.

Straub reagierte unwirsch auf Lidias Frage. Er bekam sie mittlerweile an jedem zweiten Tag zu hören. Aber Lidia musste sie gar nicht aussprechen: Er konnte ihr die Frage von den Augen ablesen, so oft sie ihn ansah.

»Wie oft muss ich es dir noch sagen – ich weiß es nicht. Ich kann einfach keinen klaren Gedanken fassen. Das musst du doch verstehen ...«

Er stand vom Tisch auf, ohne fertig gegessen zu haben. Still ging er hinauf, kletterte auf die Plattform und schaute in die Nacht, bis es ihn vor Kälte zu schütteln begann. Dann kehrte er in sein Arbeitszimmer zurück, wärmte sich auf und vergrub sich so lange in seinen Unterlagen und Büchern, bis er hörte, dass Lidia sich schlafen gelegt hatte.

Gute Nacht hätte sie schon sagen können, dachte er.

Das Grammophon lief selten in diesen Tagen.

Straub begann, sich krank zu fühlen. Nicht solcherart krank, dass er Schmerzen oder irgendetwas Akutes verspürte oder an sich wahrgenommen hätte. Es war etwas Schleichendes, etwas, das von seiner Verstimmtheit nahtlos in eine ungeheure Müdigkeit überleitete und weiter in einen Zustand völliger Erschöpfung. Er schlief schlecht jetzt, warf sich neben Lidia unruhig hin und her, träumte wirres Zeug und musste in jeder Nacht mindestens einmal hinunter, um Wasser zu lassen. Immer öfter musste er an seinen Vorgänger denken, der es nicht lange auf dem Berg ausgehalten hatte.

Ergeht es mir jetzt wie ihm?, dachte er.

Er litt an Durchfall, was ihm bis dahin fast fremd gewesen war. Nicht etwa, dass er alle zehn Minuten auf das Klo rennen musste, aber wenn er musste, dann kam der Stuhl bestenfalls sämig. Zunächst glaubte er an eine harmlose Magenverstimmung, als dieser Zustand aber anhielt, machte er sich ernsthafte Sorgen. Dazu kam dieses saure Aufstoßen. Es fühlte sich an, als hätte er sich die Speiseröhre verätzt.

»Was ist mit dir?«, fragte Lidia. »Du schläfst unruhig, du wirkst müde, siehst blass aus. Fehlt dir was?«

Straub schüttelte nur den Kopf. »Mir geht es gut.«

Aber Lidia ließ sich nicht täuschen.

Nach weiteren zwei Tagen konnte Straub auch gar nichts mehr verheimlichen. Morgens raffte er sich nur unter Anstrengungen auf, seine dienstlichen Verpflichtungen zu erfüllen. Wenn danach nichts Dringendes zu tun war, legte er sich angezogen aufs Bett, klagte über anhaltende Kopfschmerzen und erbat sich alle halbe Stunde einen neuen kalten Lappen für die Stirn.

»Hast du Halsschmerzen? Oder sitzt etwas in der Nase? Ich glaube, du bekommst eine richtige Grippe ...«

»Unsinn«, sagte er. »Hier oben gibt es keine Keime. Vielleicht eine harmlose Erkältung. Aber nichts Bakterielles. Völlig unmöglich.«

»Dann möchte ich bloß wissen, was dir fehlt«, sagte sie. »Ich mach mir ernsthafte Sorgen.«

Straub machte keine Ausflüchte mehr. Er stöhnte leise. Er lag viel auf dem Bett. Und er aß immer weniger. Wenn Lidia ihn beobachtete, wie er die Stufen zu seinem Arbeitszimmer hinaufstieg, sah sie einen gealterten, schwer atmenden Mann, der alle Mühe hatte, den Aufstieg zu bewältigen. Sein Zustand war ihr unerklärlich.

Sie war froh, als irgendwann die Talsohle erreicht schien: Es ging ihm schlecht, seit Wochen nun schon, aber die Situation war jetzt stabil. Es war nicht zu erkennen, dass weitere Verschlechterungen eintraten. Aber es war ohnehin alles schlimm genug.

Eines Tages wurde Lidia Ohrenzeugin eines Telefonats, das anders verlief als die sonst üblichen fernmündlichen Meldungen. Sie stand am unteren Treppenabsatz, hielt ganz still und wagte kaum zu atmen, um sich nur ja nicht zu verraten.

»... wenn ich es doch sage ... es muss jemand ...«

Sie hatte den Anfang des Gesprächs nicht mitbekommen. Üblicherweise war es ja auch nicht besonders interessant für sie, die Messwerte, Daten, Zahlen und Prognosen mitzuhören. Doch an diesem Tag war alles anders.

»Ich sage es doch ...«, hörte sie Straub. »Ich habe es schon mehrfach gesagt: Ich bin krank. Seit Wochen! Ich kann einfach nicht mehr ...«

Stille. Schweigen. Zu gerne hätte sie erfahren, was genau der Mann am anderen Ende der Telefonleitung erwiderte. Es blieb ihr nichts, als sich einen eigenen Reim zu machen.

»Wann? Wann wird es dann möglich sein, jemanden heraufzuschicken? Sagen Sie es mir! Los, sagen Sie es mir!«

Es verging bestimmt noch eine Minute, in der Straub nicht mehr sprach und an deren Ende sie das Klicken hörte, mit dem er die Sprechmuschel an den Apparat hängte.

Lidia huschte in den Wohnraum zurück und ließ sich nicht anmerken, dass sie um Straubs innere Nöte wusste.

In dieser Nacht zuckte Straub im Schlaf. Lidia hielt ihn im Arm und versuchte, ihn mit leiser Stimme zu beruhigen.

»Ist ja gut, Anselm«, sagte sie. »Es ist alles gut. Ich bin ja bei dir ...«

Er fieberte nicht, er hörte sie nicht, er träumte nur.

Träumte, allein durch den tiefen Schnee zu stapfen, darin einzusinken bis weit über die Knie. Träumte davon, mit den Füßen keinen Halt im kalten Weiß zu finden, unterzugehen im Schnee wie ein Ertrinkender in eisigem Wasser. Der Schnee drang ihm in die Stiefel, in die Hose, durch Ärmel und Kragen in Jacke und Hemd. Er spürte den Schnee auf der Brust, am Rücken, zwischen den Beinen, unter den Armen. Und dann drang der Schnee, schwerer, klumpiger, nasser Schnee in seine Ohren, in seinen Mund, in seine Nasenlöcher.

Er versuchte zu schreien, nahm alle noch vorhandene Kraft zusammen, um wenigstens einen Laut herauszubringen, aber er blieb stumm, blieb geknebelt, konnte sich nicht hören – vielleicht, so dachte er, liegt es ja auch am Schnee in meinen Ohren.

Das Schlimmste allerdings war, dass ihm die verzweifelten Versuche, sich durch Schreie bemerkbar zu machen, die letzten Luftreserven nahmen. Er wand sich, würgte, spürte die Augen aus den Höhlen treten. Es waren nur mehr Sekunden, das war ihm klar, bis er das Bewusstsein verlieren würde – und irgendwie war ihm dieser Gedanke eine Erlösung.

Doch dann spürte er, wie jemand nach ihm grub. Er fühlte Hände an seinem Gesicht, seinem Körper. Er spürte, dass er gerüttelt und geschüttelt wurde und dass der Schnee in seinem Mund, seiner Nase, seinen Ohren zu schmelzen begann.

»Anselm! ... Anselm! ... Was ist los mit dir? ... Wach auf ... bitte wach auf ...«

Straub war schweißgebadet. Der Traum war so intensiv gewesen, dass der den Schnee wirklich gespürt, sogar geschmeckt hatte. So froh er war, aus diesem Alp zu erwachen, so schwer tat er sich, in die Wirklichkeit zurückzufinden. Er zitterte am ganzen Körper, er schluckte, hustete, stöhnte. Endlich vermochte er, sich am Bettrand aufzusetzen. Lidia kniete hinter ihm, hielt ihn an beiden Schultern fest, drückte ihr Gesicht an seine Wange, versuchte ihm wieder Kraft und Mut einzuflößen.

»Was ist?«, flüsterte sie ihm ins Ohr. »Bitte sag es mir.«

Sie erwartete alles Mögliche als Antwort. Irgendetwas von wilden Träumen oder von Schmerzen oder sogar von Angst. Was er ihr dann aber sagte, ganz kurz und prägnant, war etwas anderes – und ihr gab es neue Hoffnung.

Er sah sie an, die Haare klebten schweißnass am Kopf, und er sagte: »Ich muss herunter von diesem Berg.«

Von da an wurde es besser. Ganz langsam erholte sich Straub, ganz allmählich kam er wieder zu Kräften. Sein Schlaf wurde wieder erholsamer, sein Appetit nahm ein klein wenig zu. Kurzum: Es ging gesundheitlich, zumindest in kleinen Schritten, aufwärts. Was ein gewisses Paradox darstellte – wollte Straub doch vor allem abwärts, weg vom hohen Berg, hinunter ins Tal.

Lidia erwähnte die schreckliche Nacht mit keinem Wort. Sie tat ihr Bestes, um das Leben in der meteorologischen Station wieder zu normalisieren und dabei Straub möglichst viel abzunehmen. Sie führte ihm den Haushalt so liebevoll und dabei zurückhaltend, dass er sich im Großen und Ganzen wohlfühlen konnte. Sie bekochte und umsorgte ihn, machte aber nicht mehr den Fehler ihn einzuengen oder ihn zu bedrängen. Mit dem Instinkt der welterfahrenen Frau wusste sie, dass diese eine Nacht notwendig gewesen war, um ihn auf den Weg der Besserung zu führen. Erst als er die Einsicht gehabt hatte, dass er nicht mehr lange hier oben bleiben konnte, erst als er sich das selbst und auch ihr eingestanden hatte, verließ die Erkrankung seinen Körper.

Jetzt musste sie warten, nur warten. Nicht in ihn dringen, nichts fordern, nichts beschleunigen wollen. Für ihn da sein, so wie ein Schatten. Aber wie ein Schatten, der sich unsichtbar macht, wann immer er störend werden würde.

Bisweilen betastete sie seinen Schenkel und sein Glied, während er schlief. Immer war es klein und schlaff. Vor seiner Erkrankung war das anders gewesen – da hatte es sich sogar im Schlaf versteift. Noch war Straub nicht wieder bei Kräften.

Sie benahm sich in dieser Zeit so rücksichtsvoll, dass sie sich abends nicht einmal in seiner Gegenwart auszog. Sie wollte ihn nicht glauben machen, dass sie etwas von ihm erwarten würde. Im Bett wickelte sie sich in ihre Decke, wünschte ihm eine gute Nacht und drehte sich zur Seite. Viele Abende und Nächte vergingen so, ehe sie es für unvermeidlich empfand, Straub mit zarter und doch fordernder Hand Erleichterung zu verschaffen.

»Sie können niemanden schicken«, sagte Straub.

Sie standen auf der Aussichtsplattform, es war ein traumhaft schöner Tag im frühen April, und sie bestaunten die Berge und das besondere Licht, das sie zum Leuchten brachte.

»Ich habe ihnen gesagt, dass ich krank bin und dass ich ins Tal müsste. Aber sie haben gesagt, es sei unmöglich, jetzt jemanden hier heraufzuschicken. Das Reinthal, durch das du ja auch gekommen bist, ist unpassierbar ...«

Lidia schwieg. Sie besah sich die Berge. Besonders das Karwendelgebirge im Osten schien es ihr angetan zu haben. Straub hätte fast geglaubt, dass sie ihm gar nicht zugehört hatte.

Aber dann sagte sie, ohne ihn dabei anzusehen: »Du musst aber hinunter. Das weißt du. Wir müssen beide hinunter.«

»Ich kann nicht«, wollte er sagen, sagte dann aber nichts.

»Wir haben nicht nur einen Grund«, sagte Lidia, »um von hier zu verschwinden. Hab ich nicht Recht?«

Er wusste, dass sie Recht hatte. Doch was hätte er sagen sollen.

»Ich habe mir die Landkarte angesehen, die von der Gegend hier. Ich kenne mich zu wenig aus damit. Ob es machbar wäre, das musst du wissen ...«

»Was machbar?«

»Es ist ein Weg eingezeichnet, der von der Knorrhütte nach Süden führt.«

Straub sah sie verwundert an.

»Was du alles weißt. Aber ich muss dich enttäuschen: Im Winter gibt es keine Wege hier. Nur auf der Karte gibt es die. Aber die Wirklichkeit ist tief verschneit.«

Lidia packte Straub am Ärmel. »Bitte küss mich. Jetzt, hier, unter dieser Sonne, inmitten all dieser Berge. Küss mich, damit ich dich ganz spüren kann.«

Sie drückte sich an ihn, umschlang mit den Armen seinen Oberkörper und küsste ihn so innig, als wäre ihre Leidenschaft eben erst erwacht.

Straub fühlte sich zunächst überrumpelt, dann gefesselt, dann erregt.

Was ist nur in sie gefahren, dachte er. Die letzten Wochen über hatte er sich nicht sehr zärtlich gezeigt, in den Wochen davor hatte er ihre Launenhaftigkeit erfahren – und jetzt dieser Sturm ihrer Gefühle.

»Lass uns reingehen«, sagte sie, als sie ihre Lippen von den seinen gelöst hatte. »Ich will dich haben, jetzt, und am liebsten so lange, bis wir bewusstlos sind.«

Er war sich ganz sicher, in diesem Moment wieder einmal zu erröten. Lidia hatte ihm die Welt des Eros eröffnet, hatte ihm manches Geheimnis ihres Körpers aber auch des seinen eröffnet, sie hatte ihn gelehrt und ihren gelehrigen Schüler in wenigen Monaten zu einem guten Liebhaber ausgebildet. Straub kannte Lidias Körper, war vertraut mit dem Geruch ihrer Haut, ihrem dünnen Schweiß, der nach dem Liebesakt ihre Brüste und den Hals überzog, er war schon gewöhnt an ihr sich rasch steigerndes Stöhnen und an jene wundervollen Momente, da sich die Züge ihres Gesichts völlig entspannten. Noch nie aber hatte sie ihn so frivol aufgefordert, ihr die Kleider herunterzureißen und sie zu nehmen und zu nehmen und zu ... nun gut, ewig könnte das auch ein Mann im besten Alter von siebenundzwanzig Jahren nicht durchhalten.

»Und danach«, sagte sie, »schauen wir uns miteinander die Karte an. Einverstanden? Ich bin überzeugt davon, dass wir gemeinsam einen Weg finden. Du und ich.«

15

Ganz sicher war sie nicht, konnte es nicht sein – aber die größten Schritte waren getan: Sie hatte Straub endlich so weit. Er würde, käme nichts Unvorhersehbares mehr dazwischen, mit ihr gemeinsam die Station verlassen. Um diese Jahreszeit ein lebensgefährliches Unterfangen, ganz zweifellos. Aber sie hatte keine Angst mehr davor.

Das war schon anders gewesen. Nachdem sie im Oktober von Straub gerettet worden war, hatte sie das Gebirge verflucht. In den ersten Wochen war ihr beim Gedanken an die überwundenen Strapazen geradezu übel geworden. Froh war sie gewesen, in diesem so hoch gelegenen Haus festzusitzen, nicht gehen zu müssen, nirgendwohin, nicht hinauf und nicht hinunter. Aber das schien ihr jetzt sehr lange her.

Sie war wieder ganz zu Kräften gekommen, und mit jedem Tag und jeder Woche, da sie sich gestärkt fühlen konnte, waren auch ihre Ängste weniger geworden.

Dass sie mit Straub einen geradezu jugendlichen Liebhaber gewonnen hatte, tat ein Übriges. Immer, wenn er in sie eindrang, sanft und begierig zugleich, fühlte sie sich jünger werden. Und dieses Gefühl hatte bisher noch jedes Mal lange über den Liebesakt hinaus angehalten.

Sie war voller Kraft und voller Mut. Jetzt auch noch voll Hoffnung. Und, was vielleicht das Allerwichtigste war: Sie hatte den unverrückbaren Glauben, dass sie es schaffen könnten, dass ihnen nichts geschehen würde, dass sie das Tal erreichten und dann ein neues Leben begännen. Miteinander (natürlich würde sie nicht »um die Welt gehen« mit Straub – und das hatte sie ihm auch klargemacht ...).

Die Macke des Grammophons hatte sich mehr und mehr verschlimmert. Die Töne leierten. Das klang, insbesondere bei ruhigeren Stücken, schon sehr komisch.

Aber immerhin: Es spielte jetzt wieder häufiger.

Für Straub war die Sache freilich noch längst nicht entschieden. Die Station war ihm vertraut, er war hier oben heimisch geworden. Trotz der Stürme, trotz oder gerade wegen der Komfortlosigkeit. Wäre er allein geblieben, wäre ihm also vom Schicksal nicht jene Begleiterin zugedacht gewesen, er hätte sich wahrscheinlich in noch viel stärkerem Maß mit allem hier vertraut, ja verwandt gemacht.

Er war der Überzeugung, dass er im Alleinsein ganz zur Ruhe gefunden hätte. Und dass er hier ausharren würde bis zum Eintreffen der Ablösung im Sommer.

Elisabeth habe ich ja nicht geliebt, dachte er. Ich habe nur geglaubt, dass ich sie lieben würde. Dabei war es halt einfach nur eine Sehnsucht. So eine Sehnsucht nach der Frau.

Mit Lidia war das ja anders. Die Sehnsucht »nach der Frau« hatte sie ihm gestillt – und sie tat es wieder und wieder, und Straub konnte sich nichts Beseligenderes vorstellen, als von ihr nach einem kalten Bad im Schnee am ganzen Körper warmgeküsst zu werden.

Aber ist das jetzt die Liebe?, dachte er. Ist sie das?

Das waren wiederkehrende Gedanken, wenn er an milderen Tagen auf der Terrasse vor dem Münchner Haus seine Pfeife rauchte. Tabak war noch genug da, er hatte streng rationiert. Jetzt konnte er sich auch zwei oder drei Pfeifenfüllungen am Tag gönnen. Und er genoss das Rauchen. Der leicht süße und zugleich herbe Duft, der vor seiner Nase aufstieg, war ihm eine große Wohltat. Das Rauchen hatte eine beruhigende und ausgleichende Wirkung auf ihn. Zumindest hatte er den Eindruck.

Sie ist nicht zu alt, dachte er. Sie ist fünfzehn Jahre älter, aber sie ist doch ein prachtvolles Frauenzimmer. Biegsam wie ein junges Mädchen, begierig nach Liebe und nach Leben. Und er selbst? Er fühlte sich ja immer schon älter, als er eigentlich war. Nicht wie siebenundzwanzig. Eher wie fünfunddreißig.

Wenn ich also wie fünfunddreißig daherkomme und sie, sie ist um mindestens sieben Jahre jünger, dann wäre sie also auch fünfunddreißig – dann passen wir doch bestens zusammen.

Er drückte einen Pfeifenstopfer in die Glut, den er sich vor langem aus einen Stück Kiefernast geschnitzt hatte. Er sog den Rauch ein, bis der Mund ganz voll war und ließ ihn dann wieder langsam entweichen.

Ich kann es mir wirklich gut vorstellen, dachte er. Mit Lidia wegzugehen. Und irgendwo etwas Neues anzufangen. Es wird uns schon was Gutes einfallen.

Genau so dachte er. Manchmal aber nagten noch Zweifel und Gewissensbisse an ihm. Dann schmeckte ihm der Tabak nicht, und er klopfte enttäuscht die Glut aus der Pfeife. Dass es Unrecht war, die Wetterstation aufzugeben, war ihm nur zu bewusst. Dass er aber Lidia nicht dem Hohn und dem Spott der Leute preisgeben durfte, war auch völlig klar: Ehrensache für einen Kavalier. Aber ...

Immer wieder drängten sich diese Abers in sein Denken, in seinen Kopf und, als Schmerzen, über den Augen in seine Stirn. So lange er sich quälte mit diesen Zweifeln hielten die Schmerzen an. Gelang es ihm aber, diese inneren Nöte gleichsam über das Geländer der Terrasse zu werfen, dann setzte geradezu schlagartig Entspannung ein, der Schmerz ließ nach, um bald vollständig zu verschwinden.

Doch die Gedanken waren so unbeherrschbar wie das Wetter. So wenig der Wetterwart bestimmen konnte, ob Cirrus- oder Cumuluswolken den Himmel bevölkern sollten, ob Stratus oder Altocumulus castellanus auf- und weiterziehen würden, so wenig konnte er seine Gedanken lenken und bestimmen, was sich in seinem Kopf ereignen sollte und was nicht.

Auf schönes Wetter folgten Sturm und Niederschläge, auf zufriedene Stunden solche in angespannter Besorgnis.

Straub hatte sich nie zuvor so machtlos gefühlt, so ausgeliefert den Wirrnissen des Lebens. Manchmal kamen ihm Tränen. Wenn er sicher sein konnte, von Lidia nicht gesehen zu werden, ließ er solchen kurzen, oft nur Sekunden währenden Erschütterungen freien Lauf. Dies geschah, wenn er an seinen Vater dachte, an seine Mutter, an das Grammophon, das sie ihm geschenkt hatte und das mittlerweile die Arien leierte, und vor allem bei der Erinnerung an Elisabeth, die junge Frau, mit der er verlobt gewesen war. Dann empfand er für sie ein tiefes Bedauern, einige Sekunden lang. Keine Liebe, nur Mitleid. Und Schuldgefühle.

Ich werde sie nicht wiedersehen, dachte er. Dabei fühlte er sich gemein. Und dann klarte der Himmel in seinem Kopf auf: Das graue Gewölk riss auseinander, helle, himmelblaue Flecken verschafften sich Platz, waren die Vorhut der Sonne, die allmählich alles mit ihrem warmen Gelb flutete.

Sie hat sich längst anderweitig getröstet, dachte Straub dann. Hat sich ja auch nicht mehr gemeldet, seit vielen Wochen nicht. Vergisst mich ... hat mich längst vergessen ... und ihre Zuneigung schenkt sie schon einem anderen Mann.

Für Lidia waren die Tage bewegt und still zugleich. Sie begann ganz unbewusst bereits damit, so etwas wie eine endgültige Ordnung herzustellen. Sie putzte in jedem Winkel des Turmes, sie kehrte und wischte und räumte alles sorgsam auf. Sie legte dabei eine enorme Energie an den Tag, werkelte ununterbrochen mit hochgekrempelten Ärmeln und nach hinten gebundenem Haar.

Dazwischen aber, in den längeren Unterbrechungen des großen Hausputzes, gab sie sich der Ruhe hin, den Tagträumereien, den Anflügen des Zukünftigen. Natürlich auch den kleinen Sorgen, die unweigerlich aufzogen.

Ich werde, nahm sie sich vor, nach Dresden fahren und mit meinem Schwager einen Handel machen. Ich brauche die Villa nicht mehr. Er soll sie verkaufen oder er soll sie für sich nehmen. Für sich und seine sonderbare Gemahlin. Mit dem Erlös kann ich neu beginnen. Vielleicht gehe ich mit Straub nach Argentinien.

Sie fand es ausgesprochen amüsant: sie hatte ihren Wetterwart selten anders genannt als beim Nachnamen. Kaum, dass sie ihn Anselm gerufen hatte, eigentlich fast immer nur Straub. Wahrscheinlich hab ich ihn mir erwachsener gemacht, als er eigentlich ist.

Die Vorstellung, in das Land ihrer Herkunft zurückzukehren, war aufregend. Sie verspürte so etwas Ähnliches wie jenes Reisefieber, das sie seit dem Tod ihres Gatten wieder und wieder gepackt hatte. So etwas Ähnliches wie die innere Aufgewühltheit, als sie durch das Fernrohr in der Partenkirchener Villa Orient den Zugspitzgipfel nah gesehen hatte. In ihr begann etwas zu keimen, und das wurde größer und größer – eine Kraft, die sie weitertrieb.

Doch zugleich war der Gedanke an Dresden mit Schwermut verbunden. Es war ja nicht etwa so, dass sie sich nicht eingelebt und wohlgefühlt hätte in ihrem Domizil an der Elbe. Ganz im Gegenteil: Die enge Verbindung von Kultur und Natur war ihrem Naturell sehr gelegen gewesen. Sie hatte es stets geliebt, heute in die Semperoper zu gehen und morgen vielleicht einen erfrischenden Spaziergang im wildromantischen Liebethal unternehmen zu können.

Es waren vor allem Stimmungen und Gefühle, die wie kleine Wurzeln in diesem Boden hafteten. Schwer in Worte zu fassen.

Es waren vor allem Düfte und Klänge, die sich in ihrem Gedächtnis neuerlich formierten und die sie die Vergangenheit tief nachempfinden ließen.

So stand sie denn auf der Zugspitze, ringsherum Schnee und Eis soweit der Blick reichte, und atmete den duftigen Frühling in den Elbwiesen. Sie hörte die gedämpften Stimmen der Spaziergänger, die an ihr vorbeiflanierten, ihr zunickten, sie knapp aber freundlich grüßten: »Guden Dooch, Frau von Bärneis ...«

Sie sah die Krokusse in Weiß und Gelb, in Violett und Blau die Wiesen zieren, deren Grün noch verhalten war, noch vom Braun und vom Ocker geprägt.

Den Fluss, der jetzt im April wieder mehr Wasser führte und behender dahinfloss, konnte sie förmlich riechen. Das trübe braune Wasser, das Treibgut, das an die Ufer gespült wurde, und den Dampf der Schiffe, die zeitig am Tag die erwartungsfrohen Sommerfrischler und Ausflügler Richtung Wehlen und Rathen und Schandau brachten, um nachmittags mit sangesfrohen Passagieren wieder zurückzukehren. Sie hörte die Gläser in den Wirtsgärten klirren, die Ausgelassenheit der Gäste, und sie roch die Küchendüfte, die aus geöffneten Fenstern kamen.

Es war die Welt, in der sie lange Zeit geborgen war. Eine beschauliche Welt, ohne viel Aufregung und von gewisser Noblesse. Heimelig, fast ein wenig puppenstubenhaft. Und an manchen Tagen sehr, sehr romantisch.

Ja, das wünschte sich Lidia von Berneis: dass sie nach ihrer Rückkehr von der Zugspitze, wenn sie wegen der allfälligen Erledigungen ohnehin in Sachsen weilen würde, Gelegenheit fände, einmal noch wenigstens durch die tiefen Gründe und über die steilen Stiegen der Sächsischen Schweiz zu wandern.

Das muss ich ihm zeigen, dachte sie. Es wird ihm gefallen. Auch wenn alles im Vergleich zu hier klein und überschaubar ist. Bestimmt wird es ihm gefallen.

Sie dachte daran, zunächst einmal am Elbufer bis zum wundervollen Schloss Pillnitz zu spazieren. Dort könnten wir ein Boot nehmen, das uns nach Rathen fährt. Und dann tief hinein in den Amselgrund und durch die so schaurig-schönen Schwedenlöcher hinauf zur Bastei. Da wird Straub Augen machen.

Sie sehnte sich nach ihrem Zuhause. Nach dem Anwesen und nach der Region, wo sie an der Seite ihres Gemahls heimisch geworden war. Lange hatte sie geglaubt, wirkliche Sesshaftigkeit erlangt zu haben. Und lange war sie der Überzeugung gewesen, zur Ruhe gekommen zu sein.

Jetzt, in stillen Momenten auf der ohnehin so stillen Zugspitze, da wusste sie, dass es ein Trugschluss gewesen war. Ihr Leben schlug jetzt einen neuen Haken.

Sie betrachtete das ziemlich sachlich und nüchtern. Sie würde einmal noch nach Sachsen kommen, alles Nötige in die Wege leiten. Sie würde Straub treffen und mit ihm vielleicht zwei oder drei Tage in der Sächsischen Schweiz verbringen. Auch das ein Abschied.

Ich denke, wir gehen nach Südamerika.

Sie wusste, dass sie sich finanziell wohl nie mehr allzu große Sorgen würde machen müssen. Nicht einmal an der Seite des Meteorologen ohne Auftrag. Es würde vielleicht eine ganze Weile dauern, aber dann würde sich für ihn bestimmt etwas finden lassen.

Ein paar Jahre gebe ich uns, dachte sie. Vielleicht so lange, bis ich fünfzig bin. Dann, spätestens dann wird er mein wahres Alter erkennen und er wird unzufrieden werden.

Sie beschloss, ihn wegzuschicken, sobald sie erste Zeichen dieser Unzufriedenheit bemerken würde. Sie wollte ihn nicht demütigen. Aber noch viel weniger wollte sie selbst gedemütigt werden.

Ist es richtig oder ist es falsch, was ich mache, auf was ich mich da einlasse?

Sie hing diesem Gedanken einige Zeit nach. Das Resultat überraschte sie selbst. Es ist richtig, dachte sie. Und es ist falsch.

Die endgültige Entscheidung fiel an einem frühen Morgen. Es war noch dunkel im Turm, als sich Straub aus dem Bettzeug schälte und barfüßig zum Ofen tapste, einen kleinen Scheit in die Restglut legte, eine Kerze anzündete und zu Lidia sagte: »Allmählich wird es Zeit, dass wir unseren Aufbruch vorbereiten.«

Sie schlief noch halb. Und sie hätte weitergeschlafen – was sollte sie so zeitig aufstehen, wo er doch nur seine Messungen durchzuführen hatte.

Aber, was hatte er da gesagt? Sie wischte sich den Schlaf aus den Augen, gähnte, streckte unter der Decke die Beine, bis ihre Oberschenkel fast schon zu schmerzen begannen und fragte: »Was?«

»Wenn wir aufbrechen wollen«, sagte Straub, »weg von hier, dann dürfte langsam die Zeit dafür kommen.«

Mit einem Ruck saß sie aufrecht im Bett.

»Ist das dein Ernst?«

»Es ist mein Ernst.«

»Wann?«

»Das hängt vor allem vom Wetter ab«, sagte er. »Wir brauchen mindestens vier Tage, an denen es zusammenhängend gut ist. Kalt muss es sein und klar ...«

»Kannst du das Wetter so lange vorher bestimmen?«

»Nicht mit den Instrumenten«, sagte Straub. »Aber mit dem Gefühl.«

»Mit dem Gefühl?«

»Ich spüre das beim Piss ... beim Wasserlassen spüre ich das.«

Er unterbreitete ihr sein Vorhaben. Alles, was er sich in den vergangenen Wochen und dann vor allem in der hinter ihm liegenden, schlaflos verbrachten Nacht zurechtgelegt hatte.

Lidia war sofort hellwach, war ganz da, war innerlich erregt. Sie sprang aus dem Bett, schlüpfte ungewaschen in ihr Gewand und hätte am liebsten sofort damit begonnen, die Vorbereitungen für den Abstieg zu treffen.

Die Zeit, die er ungestört und in Konzentration damit verbringen musste, die Wetterwerte zu ermitteln, zu erfassen und nach München durchzugeben, wurde ihr arg lang. Sie ging nervös in der kleinen Stube auf und ab, vom Herd zum Tisch, vom Tisch zum Bett, vom Bett zum Herd - sie musste dabei über sich selbst lächeln, denn sie kam sich vor wie ein verrückter Hund, der unablässig versucht, sich in seinen Stummelschwanz zu beißen und dabei tolle Pirouetten dreht.

So vieles ging ihr durch den Kopf: was geschehen würde, was noch alles zu tun war. Und natürlich, dass bisher alles nur Schimäre gewesen war. Jetzt aber nahm die Zukunft wirklich Gestalt an.

An diesem Nachmittag fungierte eine Geländekarte des Zugspitzgebietes als Tischdecke. Die Teetassen hinterließen kreisrunde, braune, feuchte Abdrucke. Über den Tisch gebeugt studierten Straub und Lidia die möglichen und unmöglichen Fluchtwege von ihrem Berg.

»Wo hast du eigentlich gelernt, Karten zu lesen?«, fragte er. »Ich kenne nicht eine Frau außer dir, die ...«

»Es hat sich so ergeben.«

»Es hat sich ergeben? So was ergibt sich doch nicht einfach so.«

»Ich weiß es nicht so genau. Vielleicht liegt es daran, dass ich von Kind an gern den Globus studiert habe. Im Arbeitszimmer meines Vaters stand so einer. Und später, in Dresden, haben wir auch einen angeschafft. Ich habe mir immer gern die Form der verschiedenen Kontinente angeschaut. Und dann davon geträumt, jeden von ihnen ausgiebig zu bereisen.«

»Und dabei hast du mehr gelernt als Nord und Süd zu unterscheiden?« Straub lächelte ungläubig.

»Ob du es glaubst oder nicht: dabei habe ich es gelernt. Und wenn ich es mal nicht weiß, dann ... wie würdest du sagen: dann spüre ich es beim Pissen ...«

16

Es war alles andere als die richtige Jahreszeit, um draußen zu speisen, ganz oben auf dem Turm, dem Wind schutzlos ausgesetzt. Zwar schien die Sonne, am Himmel standen nur wenige Wolken und es war, zog man die enorme Höhe in Betracht, erstaunlich mild. Gerade mal knapp unter null Grad auf der Celsius-Skala.

»Ich esse mit Handschuhen«, sagte Lidia und strahlte dabei übers ganze Gesicht. »Ein Festessen am Nordpol.«

Straub hatte den kleinen Esstisch vors Haus getragen, die Schublade zuvor natürlich herausgenommen (und das Bild der halbnackten Frau hinter Palmwedeln zwischen Buchdeckeln geborgen).

Mit dem Kletterseil hatten sie den Tisch zur Aussichtsplattform hinaufgezogen, was gar nicht so einfach war – fast hätten sie mit einem Tischbein ein Fenster eingeschlagen.

Nun stand der Tisch wie fehl am Platz auf dem geländerumrahmten Flachdach der Wetterstation und Lidia und Straub standen daneben, sie hielten sich an den Händen und sie reckten ihre Gesichter der Sonne entgegen.

»Unser letzter Tag hier«, sagte Straub. »Unser allerletzter Tag.«

Stille.

Lang anhaltende Stille.

»Was hast du?«, fragte er.

»Ich kann es irgendwie noch immer nicht glauben«, sagte sie.

»Aber es ist wahr«, gab er zurück. »Morgen brechen wir auf. Es wird auch höchste Zeit. Seit ein paar Tagen beobachte ich wieder Dohlen hier heroben. Sie sind noch nicht wirklich zurück. Kommen wohl nur, um das Ganze hier zu inspizieren und sind dann wieder weg. Aber sie sind die Vorboten des Frühlings. Bald beginnt er auch hier.«

Die Stühle schleppten sie aus der Wohnstube ins Arbeitszimmer und von da steil hinauf zur Aussichtsplattform. Lidia hüllte die Sitzflächen und Rückenlehnen in Decken ein, sodass die Stühle zu Thronen wurden – nicht festlich, aber doch bequem erscheinend und die von unten her unweigerlich aufsteigende Kälte abhaltend. Ein weißes Tuch, das sie vor längerem im Haus gefunden hatte, erkor sie zur Tischdecke. Straub musste die

Decke am Tisch so lange festhalten, bis Lidia mit Tellern, Gläsern und Besteck kam und alles ordentlich aufstellte.

»Ich bin ja mehr als gespannt, was du zu diesem Anlass servieren wirst.« Straub grinste schelmisch.

»Das wird nicht verraten. Noch nicht. Du darfst dich überraschen lassen. Aber eins muss dir klar sein: Große Hoffnungen wären absolut unbegründet ...«

Er hielt sie am Arm fest. Zog sie zu sich heran. Tat so, als würde er sie küssen wollen. Zog ihr Gesicht ganz nah an seines heran. Doch statt sie zu küssen, schob er sie wieder ein kleines Stückchen weg: »Wie viele Gänge hat dein Menü?«

Das »Menü« war ein karges, und es bedurfte schon reichlicher Phantasie und viel guten Willens, es als solches zu bezeichnen. Und dennoch – oder auch gerade deswegen – war es sowohl für den jungen Straub wie auch für die deutlich ältere Lidia von Berneis ein Mittagessen, das sich mit keinem anderen in ihren Leben vergleichen ließ.

Am Vorabend hatte sie Brot gebacken, drei kleine Laibe, mehr rund als oval, und der Teig war dabei nicht ganz so aufgegangen, wie sie es sich eigentlich gewünscht hatte. Das Brot war so frisch, dass es sich noch gar nicht gut schneiden ließ. Die Scheiben, die sie mit dem Sägemesser schnitt, sahen denn auch zerrupft und bröselig aus. Aber sie dufteten. Dufteten selbst draußen noch nach gutem Brot, draußen in der kalten Luft, wo sie es auf einen Teller legte und in die Mitte des Tisches stellte.

Straub musste sich schon schwer zurückhalten, um der Versuchung zu widerstehen, mit dem Essen zu beginnen, ehe Lidia Platz genommen hatte.

Trockenes Brot, dachte er. Einfach nur trockenes Brot. Und er staunte wieder einmal, welcher Heißhunger auf so ein trockenes Brot ihn in der Bergluft befallen konnte. Zu Hause, dachte er, würde ich ein trockenes Brot nicht gerade als Festessen akzeptieren.

Dann fiel ihm ein, dass er eigentlich gar nicht hätte sagen können, was sein Zuhause war.

Lidia kam mit einem dampfenden Topf durch die Luke. Straub erschrak: Wäre sie jetzt auf der steilen Stiege ausgerutscht, sie wäre nicht nur böse gestürzt, sondern hätte sich mit dem heißen Inhalt des Topfes auch noch schreckliche Verbrühungen zugezogen. So was konnte hier, fernab ärztlicher Versorgung, den Tod bedeuten.

Lidia deutete Straubs Gesichtsausdruck völlig falsch. »Ja, ja«, sagte sie, »ist nur eine Erbswurstsuppe. Aber dafür mit allem Drum und Dran.«

Auch das wahrlich alles andere als ein Festessen. Und doch...

»Ich hab eine Speckschwarte mitgekocht und Käserinden reingeschnitten. Und ein bisschen scharf gewürzt habe ich sie auch.«

Sie trug tatsächlich Handschuhe. Aber nicht wegen der Kälte, sondern nur wegen dem heißen Topf.

»Lass es dir trotzdem schmecken«, sagte sie. »Guten Appetit.« Doch dann bemerkte sie das Fehlen der Gläser und wäre fast ein bisschen ungehalten geworden. »Hast du das Bier nicht heraufgebracht?«

»Ich? Du hast nichts ...«

»Freilich habe ich. Ich hab dir sogar zweimal gesagt, dass du die Gläser rauftragen sollst. Und dass du eine Flasche Bier aufmachen sollst. Hab ich dir gesagt ... Aber du hörst ja nicht zu ...«

Ohne sich auf eine Diskussion einzulassen, stieg Straub hinab ins unterste Geschoss des Turms, wo das Bier lagerte und, gut temperiert, die Monate recht ordentlich überstanden hatte.

Wir sind schon wie ein altes Ehepaar, dachte sie. Eine Überlegung, die sie versöhnte.

Es dauerte kaum mehr als zwei Minuten, bis er mit Gläsern und Bier wieder auftauchte. Er hatte sich beeilt, weil er schon gar nicht wollte, dass ihm die Suppe kalt werden würde.

In jedes Glas schenkte er einen Schluck Bier, und dann stießen sie an, schauten sich dabei in die Augen, Lidias Groll hatte sich schon wieder verflüchtigt und Straub hatte erst gar keinen aufkommen lassen.

Mehr noch: Wie sie sich so ansahen, mussten beide lachen. Bot doch ein jeder von ihnen einen höchst skurrilen Anblick: Wer säße auch im dicksten Gewand, mit Fellmützen über den Ohren, Schals um den Hals zum Mittagessen draußen im Freien?

»Du siehst wirklich ulkig aus, mein Lieber«, sagte Lidia.

»Du nicht minder«, sagte Straub.

Dann begannen sie die Suppe zu löffeln, die nicht mehr allzu heiß, aber immer noch angenehm warm war.

»Hmmm.« Straub raunte genussvoll. »Schmeckt doch sehr gut.« Er schmunzelte. »Schmeckt so ziemlich nach allem, was aus der Speisekammer wegmusste.«

Von ihrem erhabenen Platz aus konnten sie das gesamte Gebirge überblicken. Lidia saß so, dass sie die Sonne wärmend im Rücken hatte, Straub schien sie auf die Nase.

Er sah, ohne sich viel bewegen zu müssen, den Schneefernerkopf, die Südliche Wetterspitze, das Wetterwandeck, er sah die Gatterlköpfe, den Kleinwanner und den Hochwanner, und er sah die gleißende Fläche des sogenannten Platts, ein gewelltes Meer aus Schnee. Alles war so hell und so schön, dass er die Augen zusammenkneifen musste, um es ertragen zu können.

Lidia hatte zur Rechten den Riffelkamm, der so wild, so bedrohlich aussah, dass er ihr immer vorkam wie das Gebiss eines Raubtieres. Drehte sie den Kopf ein wenig, so geriet sogar ein Teil des Grates über die Höllenthalspitzen in ihr Blickfeld. Aber sie mied diesen Ausblick nach rechts. Der Umstand, dass vor gar nicht langer Zeit drei Männer irgendwo dort draußen abgestürzt, erfroren oder an Erschöpfung gestorben sein mussten, machte ihr Angst. Und Angst konnte sie jetzt am allerwenigsten gebrauchen.

Sie sah links an Straubs Mütze vorbei, blickte zu den Bergspitzen der Ammergauer Alpen, die in ihrer viel geringeren Größe etwas Beruhigendes ausstrahlten.

Morgen, dachte sie, wo werden wir morgen um diese Zeit sein?

Als hätte er ihre Gedanken gelesen, sagte Straub just in diesem Moment: »Ich bin derart gespannt, wie es uns morgen um diese Zeit ergehen wird ...«

Vor drei Tagen hatte Straub zum Aufbruch gedrängt. Das Wetter werde stabil bleiben, dessen war er sich ganz sicher. Es würde voraussichtlich fünf, sechs Tage lang keine Niederschläge geben und es würde dabei doch kalt genug bleiben, dass die Lawinengefahr nicht zunähme. Zum Aufbruch blasen hieß freilich nicht, ein paar Sachen in den Rucksack zu werfen und sich auf den Weg – den nicht vorhandenen Weg – zu machen.

Es waren Vorbereitungen zu treffen, die ganz maßgeblich über Gelingen und Scheitern ihres Abstiegs entscheiden konnten. Dass Scheitern höchstwahrscheinlich ihren Tod bedeuten würde, war ihnen von vorneherein klar.

Mit kleinen Brotstückchen tunkten sie ihre Teller sauber, bis nicht der kleinste Rest mehr zu sehen war. Sie aßen das trockene Brot auf und lehnten sich zufrieden in ihren Thronen zurück.

»Wunderbar«, sagte Straub, und Lidia lächelte.

»Aber es wird uns bald kalt werden. Ich mach uns einen Kaffee, und außerdem habe ich ja auch noch ein Stück Kuchen zur Nachspeise.«

Sie tranken ihre Gläser aus und trugen das Geschirr gemeinsam hinunter in den Turm. Lidia wunderte sich, dass Straub sich an den Schallplatten zu schaffen machte, während sie Wasser für den Kaffee aufsetzte. Und es kam noch besser: Er nahm das Grammophon, schob sich ein paar Platten unter den Arm und trug alles hinauf aufs Dach.

Längst hatten sie geplant, wie sie sich kleiden würden für den langen und fast unmöglichen Abstieg, und was sie in ihren Rucksäcken mit sich führen wollten. Alles war durchdacht und besprochen worden; das Packen würde sie nicht mehr allzu lange aufhalten.

Was ihnen dann viele Mühe gemacht hatte, wirklich Mühe, viele Stunden lang, zwei volle Tage lang, Tage, an deren Ende sie völlig erschöpft auf ihr Bett sanken, war das Spuren hinab zum Zugspitzplatt. Sie hatten sich an diesen beiden Tagen einen Pfad durch den tiefen Schnee gewühlt: Er war vorausgestapft, sie war dicht hinter ihm gefolgt. Und immer, wenn ihm die Luft dünn geworden war, hatte sie die Führung übernommen. Nach fünf Stunden unglaublich mühevoller Schneestapferei hatten beide den Glauben eingebüßt, es schaffen zu können. Aber ihr Wille war größer gewesen als ihr Glauben. Sie hatten weitergemacht. Und am zweiten Tag waren sie dann bei dem Depot angekommen, wo die Träger im Herbst ihre Lasten zwischengelagert hatten. Damit war ihnen zumindest das gelungen: sich einen Weg zu präparieren, der ihnen am Morgen ihres Aufbruchs enorm hilfreich sein würde. Dieser Steig war durch ihr mehrfaches Auf und Ab tief und fest geworden, einen halben Meter breit, mit etwa ein Meter hohen Schneewänden auf beiden Seiten. Die ersten eineinhalb Stunden ihres Abstieges würden ihnen nicht allzu schwer fallen.

Viele Wolken waren nicht am Himmel. Und die wenigen waren auch nicht groß. Aber schon eine einzige kleine genügte. Kaum, dass sie sich vor die Sonne geschoben hatte, machte sie Lidia am Kaffeetisch frösteln.

»Es wird ungemütlich«, sagte sie. »Lass uns austrinken und reingehen.«

»Gleich«, sagte Straub mit vollem Mund. Der Kastenkuchen, den sie gebacken hatte, war genauso Ergebnis von Improvisation wie das gesamte Mittagessen. Etwas trocken, nicht sehr süß, aber auch gar nicht übel.

»Nur ein paar Augenblicke noch«, sagte er. »Es ist schließlich unser Abschied von hier. Morgen sind wir fort. Und wir werden nie mehr hierher zurückkommen ...«

Was immer auch passiert, dachte er, zurückkehren werden wir nicht.

Er stand auf und ging zum Grammophon, das er im zusammengetretenen Schnee abgestellt hatte.

»Ich würde gerne noch eine Platte hören. Noch einmal Caruso auf dem Berg. Auf unserem Berg. Ich glaube, dass seine wundervolle Stimme nie zuvor bis in solche Höhen gekommen ist. Hast du Lust?«

Doch, ja, Lidia hatte ebenfalls Lust, diese besondere Stunde mit einer Musik aus dem leiernden Kasten ausklingen zu lassen. Nur sitzen bleiben konnte sie nicht mehr. Sie spürte die Kälte schon durch die dicken Stiefel und durch zwei Paar Socken hindurchdringen. Sie stand auf und ging hin und her, während Straub eine der Platten aus ihrer knittrigen Papierhülle nahm und, mit kalten Fingern etwas umständlich, auf den Plattenteller des Grammophons legte.

Das größte Problem war natürlich die Auflösung seiner dienstlichen Verpflichtungen gewesen. Er hatte nicht einfach kündigen können. Hallo, hier spricht Straub, ich habe jetzt keine Lust mehr, ich gehe, macht einfach, was ihr wollt. Auch wenn das noch am ehesten der Wahrheit entsprochen hätte.

Die Situation hatte ihm reichlich Kopfzerbrechen bereitet. Wie konnte er sich davonmachen und dabei doch noch einen Hauch von Anstand wahren? Es ging nicht. Natürlich ging es nicht. Schließlich fiel ihm gar nichts anderes ein als jene Notlüge, mit der sich schon so mancher Angestellte gegenüber seinem Dienstherrn aus der Affäre gezogen hatte. »Ich bin krank.«

Er hatte die Stimme verstellt, hatte nasal gesprochen, geräuspert, gehüstelt, etwas schwerer ins Telefon geatmet als sonst. Am Tag zuvor hatte er die Sache eingefädelt: Kopfschmerzen, seit Tagen schon, und die waren immer schlimmer geworden. So schlimm, dass er kaum noch schlafen konnte.

»Was?... Natürlich habe ich die Mittel genommen, die in der Hausapotheke zu finden waren ... und mich geschont ... ja,ja, ich weiß, viel trinken. Literweise trinke ich ...«

Gute Besserung hatte der Kollege gewünscht.

Aber mit der Besserung war es nichts geworden. Nur einmal telefonierte Straub noch mit München. Dazu hatte er sich Kartoffelschnitze in die Nasenlöcher gesteckt. Da musste er einfach klingen, als wenn er an der schwersten Grippe leiden würde.

»Ich kann nicht mehr ... ich habe hohes Fieber ... Schüttelfrost, Kopfschmerzen ... und jetzt auch noch die Schmerzen in der Brust.«

Der Kollege hatte sofort auf eine Lungenentzündung geschlossen.

»Ich werde einen Arzt heranschaffen, der mit dir telefoniert und dir sagt, was du da droben tun kannst.«

»Ich kann nicht mehr«, hatte Straub gestöhnt. »Ich habe solche Schmerzen ... und ich habe Angst ...«

Dann hatte er die Sprechmuschel eingehängt, hatte nicht mehr angerufen und war nicht mehr ans Telefon gegangen, wenn wer versucht hatte, zu ihm durchzukommen.

»Was wird geschehen?«, hatte Lidia gefragt.

»Sie denken, dass ich hier heroben sterbe. Oder schon gestorben bin. Sie werden so lange anrufen, bis sie mich aufgeben. Und dann wird, sobald es irgendwie möglich ist, ein neuer Wetterwart heraufgeschickt.«

»Und was ist mit dem Wetter, wenn wir nicht mehr hier sind?«

»Sie werden auf andere Stationen und andere Messwerte zurückgreifen. Peißenberg zum Beispiel. Das ist nicht ganz optimal. Aber die Welt geht nicht unter davon.«

Das Telefon hatte geklingelt und geklingelt.

Welch eine besondere Stimmung: In einer Welt zwischen Himmel und Hölle ... dem Diesseits verbunden, dem Jenseits jedoch auch schon nahe ... in sphärischen Höhen, ertönte von der Schallplatte die unvergleichliche, erschütternd schöne Stimme des großen italienischen Tenors Caruso.

Es klang so schön, so himmlisch schön. Lidia musste die Augen schließen, um dieses Wunder ganz in sich einlassen zu können.

»E lucevan le stelle ... e olezzava la terra ... stridea l'uscio dell'orto ...«

Sie sah, mit geschlossenen Augen, die Sterne funkeln, sie sah sich die Arme ausbreiten, spürte die kühle Luft in ihrer Brust und die Sonne auf ihren Augenlidern – und sie konnte beobachten, wie sich ihre Füße vom Turm hoben, wie sie ganz langsam aufstieg, schwebte, getragen wurde von der Musik, von Carusos Stimme, von der tiefen Melancholie des Augenblicks.

Sie glitt in einiger Höhe über die winterliche Hochgebirgslandschaft. Ganz langsam, ganz unaufgeregt. Sie schwebte hoch über dem strahlend weißen Schneeferner und sie sah zurück zur Wetterstation auf der Zugspitze.

Wie einsam und wie klein der Turm und das Haus auf diesem Gipfel stehen, dachte sie. Wie verloren.

Sie sah Straub auf der Aussichtsplattform, und er winkte ihr zu.

Straub, dachte sie. Anselm Straub, mein junger Mann.

Sie zog weite, weite Kreise über dem Schneeferner. Sie musste die Augen fast geschlossen halten, damit nicht alles vom blendenden Schnee überstrahlt wurde. Sie sah die Schönheit des winterlichen Hochgebirges, labte sich am reinen Weiß, das nur von einigen gelb-orangen Felszähnen durchbrochen wurde, und sie wurde zugleich der großen Gefährlichkeit gewahr, die von dieser Schneewüste ausging. Sie suchte und suchte nach Anhaltspunkten, die ihnen helfen würden, sich nicht zu verirren.

Doch dann war die Tosca-Arie zu Ende – und Lidia stand wieder mit beiden Füßen, kalten Füßen allerdings, auf dem Dach des Wetterturms. Ganz vorsichtig machte sie die Augen auf. Sie flog nicht. Hatte festen Boden unter den Füßen.

»So schön war das«, sagte sie. »Wirklich wunderschön. Aber auch traurig. Findest du nicht?«

Straub bückte sich zum Grammophon. Er nahm die Caruso-Platte herunter und legte eine andere Platte auf.

»Ich weiß, dass dir kalt ist«, sagte er. »Aber lass uns zum Schluss noch etwas Fröhlicheres genießen. Etwas Beschwingteres. Lass uns ... ja, lass uns tanzen.«

Er ist wunderbar, dachte sie. Ein Junge, aber wunderbar.

»Eine schnelle Polka von Johann Strauß. Kennst du doch, oder?«

Natürlich kannte sie diese mitreißende Melodie. Aber dazu tanzen? Hier? In den Stiefeln? Im Schnee?

Die Nadel krächzte über die Platte. Schon glaubte sie, das Grammophon wäre kaputt, es würde keine schnelle Polka mehr spielen. Aber dann, ins Krächzen hinein und unbeeindruckt davon, dass dieses Störgeräusch einfach nicht aufhören wollte, spielten die Musiker des Orchesters, als wären sie für höchstmögliche Geschwindigkeit bezahlt worden. Die Bläser trieben voran, die großen Trommeln und die klirrenden Tschinellen setzten Akzente, und zu allem war ein magyarisches Temperament und ein magyarischer Anklang herauszuhören.

Straub umfasste Lidia und drehte sie zur ekstatischen Musik, wirbelte sie, die eigentlich eine gute Tänzerin war, ungestüm herum. Und sie hätte es genossen – in einem Ballsaal, ihretwegen auch nur in einem leer geräumten Salon, aber hier?

Hier wurde ihr ganz anders zumute. Die Berge schienen sich um sie zu drehen, nirgendwo konnte ihr Auge noch Halt finden, nicht an den Felsen, nicht am Firn, nicht am funkelnden Gipfelkreuz der Zugspitze. Und Straub schien gar nicht zu merken, wie gemischt ihre Gefühle waren in diesem Moment. Sah ihr Lächeln, aber nicht, wie gequält es war, sah ihre Augen leuchten, aber nicht die Angst darin.

Und sie hatte Angst. Von den drei Minuten, die diese Polka dauerte, lebte sie zweieinhalb in der Angst, tanzend mit Straub über die Brüstung zu stürzen, nordwärts in den Abgrund oder nach Süden auf die Terrasse.

Lieber in den Abgrund, dachte sie. Lieber gleich tot.

Ein Sturz auf die Terrasse wäre wahrscheinlich tödlich, aber eben nur wahrscheinlich. Sie stellte sich vor ...

Und da küsste sie Straub im schnellen Tanz mitten auf den Mund, ganz schnell und kurz, es war so schön, ja, und es nahm ihr die Angst, sie spürte seine Lippen schon nicht mehr, aber sie sah seine Augen, Bubenaugen, und die Augen lachten und waren froh und verrieten, dass er sich darauf freute, mit ihr das Leben neu zu beginnen.

Mit einem furiosen Schlussgalopp endete die Strauß'sche Polka. Sie ließen sich los, traten einen Schritt auseinander und sahen sich an: schwer atmend, voller Verlangen nacheinander, er in dem sicheren Gefühl, sie haben zu wollen, heute und noch viele Jahre.

Und sie? Froh, dass die Polka auf dem Turm vorüber war. Und dass auch das Leben auf dem Turm nun vorüber wäre. Morgen, in aller Herrgottsfrühe, würden sie den ersten richtigen Schritt in ihren Neuanfang tun.

Die Nadel kratzte noch über das unbespielte Ende der Schallplatte. Straub hob die Nadel ab und nahm die Platte. »Schau!«, sagte er. Und dann warf er die Scheibe wie einen Diskus hinaus Richtung Höllenthal. Zunächst schien die Schallplatte fliegen zu wollen, sie glitt auf guter Thermik dahin. Ja, fast elegant segelte sie über den Abgründen. Dann aber kam sie ins Trudeln, überschlug sich und verschwand in der Tiefe.

Diesen Tanz, dachte Lidia, werde ich nicht vergessen solange ich lebe. So etwas, dachte sie, erleben normale Menschen nie. Und so ein verrücktes Frauenzimmer wie ich erlebt so etwas auch nur einmal. Höchstens.

17

Es war eine Wüste! Schön wie eine Wüste, wenn die Dünen vom Wind ziseliert sind. Einsam wie die Wüste, wenn man sich von der Karawanserei ein Stück weit entfernt hat. Und gefahrvoll wie die Wüste, wenn man dabei zu weit gegangen ist.

Beim allerersten Licht des Morgens waren sie aufgebrochen. Alles in der Station war aufgeräumt: das Arbeitszimmer, die Wohnstube, der kleine Küchenschrank. Sogar das Bücherbord war geordnet, und das Grammophon, das sie zurücklassen mussten, war abgedeckt.

Lidia hatte am Morgen das Geschirr noch rasch gespült, wenngleich nur noch lauwarmes Wasser zur Verfügung stand. Denn schon am Vortag hatte Straub den Ofen ausgehen lassen – es widerstrebte ihm zutiefst, ein Haus zu verlassen, in dem noch Feuer im Herd brannte. Und sie hatten die Decken zurückgeräumt ins Münchner Haus. Kein Mensch wäre auf die Idee gekommen, dass Straub die Nächte hier nicht allein verbracht hatte.

Zuletzt hatte er einen Brief in die leer geräumte Mitte seines Arbeitstisches gelegt und mit einem Stein, der schon immer hier war und als Briefbeschwerer diente, obenauf gelegt.

»Darf ich wissen, was du geschrieben hast?«, fragte Lidia.

»Nichts«, hatte Straub gesagt. »Nichts, was uns betrifft. Nur die Arbeit.«

Sie hatte die Sache auf sich beruhen lassen.

Den Turm hatten sie nicht abgeschlossen. Der Schlüssel blieb drinnen auf der Stiege liegen. Warum auch hätten sie absperren sollen? Wer sollte schon kommen? Der nächste Besucher würde mit ziemlicher Sicherheit ein neuer Wetterwart sein. Aber bis dahin würden gewiss noch Wochen vergehen.

Der Abstieg zum Depot ging rasch vonstatten. Sie mussten ein wenig aufpassen, weil manche Stellen in der Nacht hart gefroren waren, da konnten sie sich kein Abrutschen erlauben. Aber es zeigte auch, wie wertvoll die mühsame Vorarbeit gewesen war: Nach eineinhalb Stunden waren sie beim Depot. Und hier, dessen waren sie sich bewusst, begann die Schinderei, die Qual und damit verbunden die unvermeidliche Gefahr für Leib und Leben.

Es war ein gravierender Unterschied, ob man den Schneeferner von oben aus sah oder ob man sich mittendrin befand. Es war etwas ganz anderes, diese tief verschneite Fläche gleichsam aus der Vogelperspektive zu bestaunen als sich in der unüberschaubaren Weite durch den hüfttiefen Schnee zu wühlen. Und es war etwas völlig anderes, oben auf der Wetterstation um die Lawinen zu wissen, die in unschöner Regelmäßigkeit – wenn auch als eindrucksvolles Naturschauspiel – von den umliegenden Bergflanken auf den Schneeferner niedergingen, als stumme Gebete flüsternd dieser latenten Gefahr ausgeliefert zu sein.

Es gab aber noch eine Gefahr, die kaum geringer war: Sie konnten sich in dieser Wüste aus Schnee verirren. Straub hatte eine kleine Schaufel dabei; damit würden sie sich im Notfall eine Schneehöhle graben. Aber wenn sie dann am nächsten Tag die Knorrhütte immer noch nicht erreichten, dann wäre es fraglos um sie geschehen.

Es war eine Tortur. Das Gelände war ziemlich flach, der Schnee lag hoch. Jeder Meter musste erkämpft werden. Sich gegen den Schnee stemmen, ihn zurückpressen, niederdrücken, niedertrampeln. Straub schaffte das zehn Minuten lang, dann war er ermüdet, musste pausieren, Lidia musste weiterwühlen. Bald erging es ihr wie wenige Minuten zuvor ihm, und sie wechselten sich wieder ab.

Die Sonne stieg über den Bergen im Osten empor. Lidia und Straub empfanden das als Glück. Es war ihnen, als wenn sie im Licht der Sonne die Herausforderungen besser bewältigen konnten. Sie machten eine kurze Rast, tranken ein paar Schlucke aus ihren Flaschen, Straub aß ein Stück vom Kuchen, dessen andere Hälfte sie gestern verzehrt hatten.

»Wie lange, denkst du, werden wir bei diesem Tempo brauchen, bis wir bei der Hütte sind?«

Es war nach neun. Und weit gekommen waren sie bei Gott nicht.

»Du kannst fragen.« Seine Stimme klang überhaupt nicht zuversichtlich. »Wenn wir es überhaupt zur Hütte schaffen, dann nur, wenn wir die nächsten zehn Stunden schuften, bis uns das Kotzen kommt. Und es wird uns kommen. Verlass dich drauf.«

Er sollte Recht behalten. Die Anstrengung war so groß, dass sie bereits am späten Vormittag vor der Entscheidung standen, ob sie nicht besser zur Station zurückkehren sollten. Dorthin war der Weg immerhin schon halbwegs gespurt, und sie konnten ziemlich sicher sein, es zu schaffen und am Ende ein rettendes Dach über dem Kopf zu haben. So aber …

»Wir müssen uns entscheiden«, keuchte Straub. »Wenn wir noch länger damit warten, geraten wir vielleicht in die Situation, dass wir das eine Ziel so wenig erreichen können wie das andere. Kannst du noch?«

Der Gedanke, umzukehren und in ein paar Stunden ausgestreckt unter den Decken liegen zu können, war für Lidia überaus verlockend. Aber es war nicht nur diese kleine Schwäche, die sie zögern ließ. Sie musste minutenlang in sich hineinhorchen, musste ihren Geist und ihren Körper befragen.

»Weiter«, sagte sie. »Lass uns weitergehen. Wir schaffen das schon. Irgendwie schaffen wir es ...«

Sie stapfte in ein paar Schritten Abstand hinter Straub her. Wenn sie nicht selbst spuren musste, konnte sich der Körper ein wenig erholen. Die Schmerzen wichen aus den Schenkeln und den Hüften und den Schultern und sie kam allmählich wieder besser zu Atem. Dafür stürzten Gedanken über sie herein, die sie nicht haben wollte, die sie aber erst abschütteln konnte, wenn sie sich selbst wieder ins Joch der Spurarbeit begab und bis zur Erschöpfung gegen den Schnee kämpfte.

Es fing mit einer Bedrückung an, die unter diesen Umständen nur zu verständlich war: mit der an- und abschwellenden Frage, ob sie an diesem Tag die Knorrhütte erreichen würden. Sie hatte schreckliche Angst vor einer Nacht im Schnee. Straub hatte zwar versichert, dass es in einer Schneehöhle durchaus erträglich sein sollte. Aber sie hatte herausgehört, dass er selbst das auch nur vom Hörensagen wusste und er noch nie in einer solchen Höhle oder einem Iglu, wie die Eskimos sie bauten, die Nacht verbracht hatte.

Allein die Vorstellung, heute noch ein Loch in den Schnee graben zu müssen, bereitete ihr Übelkeit. Das bisschen Schaufel, was sie da hatten! Mit bloßen Händen würden sie scharren müssen. Sie spürte die Schmerzen in den halb erfrorenen Fingern und sah ihre Nägel blutunterlaufen.

Doch so schnell eine solche Panik aufkam, so schnell wurde sie von einem anderen Gefühl abgelöst. Ein warmer Sonnenstrahl auf ihrem Gesicht konnte ausreichen, um ihre Stimmung völlig zu verändern. Gerade noch hatte sie das Leben verflucht, eben noch war sie den Tränen nahe gewesen, und da, plötzlich, erschien ihr irgendetwas, auf das ihr Blick fiel, schön, wunderschön. Ja, erschien ihr in entrückter Schönheit und sagte ihr, dass es völlig egal wäre, ob sie morgen weiterleben oder sterben würde. Schneekristalle zum Beispiel. In manchen Momenten dieses abscheulich schweren Ganges konnte sie gleichsam im Vorübergehen den ganzen Zauber eines solch winzigen Eisgebildes erkennen und in sich aufnehmen. Sie sah die sternförmigen Strahlen der Schneeflocke, sah die symmetrisch erscheinenden Haken und Häkchen an diesen Strahlen, staunte über das Glitzern und Funkeln im Licht der Sonne und war überglücklich ob des Wunders, das sie da erleben durfte.

Doch schon in der nächsten Minute war wieder Schrecken und Finsternis in ihr.

Sie glaubte die Stille dafür verantwortlich. Dachte, dass diese Lautlosigkeit der Landschaft ihr Angst machte. Denn die Landschaft schien nicht zu leben, schien tot zu sein, wie erstickt unter einer einzigen, riesigen Lawine. Natürlich hörte sie die Schritte, Straubs und ihre eigenen, hörte sich keuchen und ihn, sie hörte die Gewalt, die nötig war, um sich einen Weg zu bahnen.

Aber wenn sie stehen blieben, um wenigstens wieder ein bisschen zu Kräften zu kommen, dann hörte sie nichts außer ihren rasselnden Atemzügen. Die Berge waren so still, sie schwiegen zu allem, was sie da mit ansahen, und irgendwie versetzte genau das Lidia in große Angst.

Sie hätte sich gewünscht, dass wenigstens eine dieser Dohlen neben ihnen hergeflogen wäre und Kapriolen geschlagen hätte.

Nachmittags um drei waren sie beide mit den Kräften fast am Ende. Noch schlimmer aber war, dass Straub ernsthafte Zweifel hatte, noch in der richtigen Richtung unterwegs zu sein. Er versuchte sich zu erinnern, wie es war, als er im Oktober heraufgestiegen war, begleitet vom Bergführer Dengg und den Trägern. Aber da hatte er natürlich nicht daran gedacht, dass er unter ganz anderen Umständen wieder ins Tal zurückfinden musste.

»Was ist?«, keuchte Lidia, die zugleich froh war, dass der mühevolle Marsch angehalten war. Vor zwanzig Minuten hatte sie sich übergeben, nicht viel, nur ein paar Löffel voll Halbverdautes von dem, was sie nicht lange zuvor zu sich genommen hatte.

»Ich weiß nicht ... bin mir nicht sicher«, sagte er. »Ich kann dir nicht mal sagen, warum. Aber irgendwie habe ich die Sorge, dass wir zu weit nach Süden abgewichen sind. Die Frage ist, ob wir Kurs halten sollen oder korrigieren. Beides könnte im Niemandsland enden ...«

Er hatte befürchtet, Lidia würde bei dieser Offenbarung hysterisch reagieren. Würde weinen, schreien, sich in den Schnee fallen lassen.

Aber sie sah ihn nur an, schaute an ihm vorbei, ein wenig nach rechts – Süden – und ein wenig mehr nach links – Norden. Ihre Lippen waren aufgeplatzt, auf der Nase schälte sich schon die Haut, sie sah gar nicht gut aus.

»Geh ein bisschen weiter links, nicht viel«, sagte sie. »Höchstens noch ein halber Kilometer, dann kommen Stangen, die im Schnee stecken.«

Er hätte nicht sagen können, warum er ihrer Aufforderung Folge leistete ohne auch nur einmal nachzufragen oder Zweifel anzumelden. Sie hatte es mit einer derart entschiedenen Bestimmtheit gesagt, dass er ihr ganz einfach Glauben schenken musste.

»Nach links also«.

Und er korrigierte die Richtung und schob sich durch den Schnee und verdrängte seine Angst davor, die Hütte nicht zu finden, nicht zu erreichen oder, was das Schlimmste für ihn wäre, sie in der Dunkelheit nicht zu entdecken, obwohl sie vielleicht nur einen Katzensprung entfernt sein würde.

Er kämpfte mit dem bisschen Kraft, das noch in ihm war, gegen die Schneemassen an. Manchmal reichte der Schnee nur bis zu den Knien, dann war er froh. Oft aber brach er mit einem Bein tiefer ein und musste sich mühsam wieder herausarbeiten. Da fluchte er dann wie ein Maurer, was ihn noch zusätzlich Kraft kostete.

Er wusste, dass es jetzt ganz auf ihn ankam. Lidia war erschöpft, aber wenigstens hatte sie noch so viel Kraft, dass sie in seiner vagen Spur folgen konnte.

Der Rucksack drückte ihn. Nur zu gern hätte er ihn einfach in den Schnee geworfen und liegen gelassen. Zumindest die Schaufel und das Brecheisen. Aber beides, das wusste er, konnte überlebenswichtig für sie werden.

Ich habe sie gesehen, dachte Lidia. Sie ging apathisch hinter Straub her. Die großen Emotionen waren stillen Selbstgesprächen gewichen. Sie war zu ermattet, um noch Angst vor der Natur zu haben oder ihre kleinen Wunder wahrzunehmen. Sie war nur noch mit sich selbst beschäftigt.

Ich habe sie gesehen ... Stangen ... eine ... nein, mehrere ... als würden sie den Weg markieren ... den Weg zur Hütte ... ich hätte ja nie geglaubt, dass Fliegen so schön wäre ... sanft, die Luft trägt einen ja ... jetzt bin ich froh, dass ich die Stangen gesehen habe ... wir hätten uns sonst gewiss verlaufen ... wären wo hingekommen, wo gar nichts mehr ist ... das Ende der Welt ... das Ende von allem ...«

Als sie die Knorrhütte sahen, wussten sie, dass sie fürs erste gerettet waren. Die Uhr zeigte die fünfte Nachmittagsstunde, und sie hatten eine weitere Dreiviertelstunde Schinderei vor sich. Aber sie konnten nicht mehr fehlgehen jetzt.

Sie erreichten die tief eingeschneite Hütte in der Dämmerung. Die Sonne war schon lange hinter den Bergen im Westen versunken, es war kalt geworden, richtig kalt, und beide, Lidia und Straub, schlotterten vor Kälte und Überanstrengung. Doch Straub hatte noch eine durchaus schwierige Aufgabe zu bewältigen.

Die Hütte mit ihren verschiedenen An- und Erweiterungsbauten war bis zur Mitte des Erdgeschosses eingeschneit. Im fahl werdenden Abendlicht suchte Straub nach einer Schwachstelle: er fand sie nordseitig, wo noch zusätzlich viel Schnee angeweht und festgepresst worden war. Wie ein Bergsteiger auf Hochtour in den vergletscherten Zentralalpen stieg er vorsichtig an diesem Schneehang empor – und in der Tat erreichte er den Fensterladen im ersten Stock, sobald er sich ganz aufrichtete und an der Hausfassade abstützte. Mit dem Eisen brach er den Laden aus seinen Scharnieren und schlug die Scheibe ein.

Wenig später hatten sich Lidia und Straub ihrer völlig durchnässten Kleidungsstücke entledigt und sich in Decken aus dem Matratzenlager gehüllt.

Der nächste Tag verlief wie geplant: Den Ofen heizen, die Kleidung trocknen, ausruhen, neue Kraft schöpfen. Vor allem schlafen, viel schlafen.

Die Hütte lag in einer Höhe von etwa zweitausendundfünfzig Metern. Neunhundert Höhenmeter waren sie also bereits abgestiegen.

»Wir haben es dir zu verdanken, dass wir die Hütte gefunden haben«, sagte Straub. »Woher hast du gewusst, dass wir noch auf solche Markierungsstangen stoßen würden?«

Lidia hatte sich über Nacht recht gut erholt. Sie lächelte Straub an und sagte: »Ich bin halt eine Hexe. Oder eine Zauberin. Ein Frauenzimmer mit magischen Fähigkeiten eben.«

»Du redest dummes Zeug ...«

»Tu ich nicht. Aber ganz im Ernst: ich weiß es nicht. Es war ein Instinkt, eine innere Stimme. Und ich war ganz sicher, dass die Entscheidung die richtige wäre.«

Straub nahm sie in den Arm, küsste sie auf die Wange.

»Ich bin froh, dass es dich gibt«, sagte er. »Aber nicht nur wegen der Markierungsstangen ...«

Keiner von beiden hätte auch nur im Entferntesten daran gedacht, dass sie sich in dieser Nacht begehren und leidenschaftlich lieben würden. Trotz des Ruhetages, trotz vieler Stunden tiefen Schlafes, waren sie doch körperlich und seelisch arg mitgenommen. Die Strapazen des Vortages wirkten nach. Ihre Beine schmerzten vom qualvollen Gehen, ihre Schultern vom Rucksacktragen. Und die Ängste, die sie ausgestanden hatten, waren noch ganz nah – und über das, was sie am nächsten Tag erwarten würde, wollten sie gar nicht so genau nachdenken.

Es war diese Stimmung, diese ganz besondere Stimmung, die sich einstellte während der Mußestunden in der Knorrhütte. Lidia hatte das Gefühl, dass Straub nun, einen furchtbaren Tagesmarsch vom Gipfel entfernt, aufgekratzter und zuversichtlicher wirkte als zu der Zeit, da sie oben gewohnt hatten. Er wirkte weniger mürrisch, zugänglicher, ja, freundlicher. Nicht, dass er nicht bisher auch Freundlichkeit und Aufmerksamkeit an den Tag gelegt hatte. Aber insbesondere in den letzten Wochen hatte er doch arg bedrückt gewirkt. So, als hätte er schwer mit sich selbst zu ringen.

Ihr schien, als würde er sich nun, da schon ein weites Stück Weg bewältigt war, richtig freuen auf das neue Leben. Ein Leben im Tal, ein Leben mit ihr.

Im Haus war es völlig dunkel. Sie lagen, aneinandergeschmiegt unter den kratzigen Decken. Den Ofen hatte Straub, wie es seine Art war, bereits ausgehen lassen. Morgen früh durfte kein Feuer mehr brennen.

Das Fenster, das Straub eingeschlagen hatte, war nun mit einer Decke verhüllt, damit die Wärme nicht einfach so entweichen konnte. Ein paar Sterne aber konnten sie durch ein anderes Fenster sehen, bei dem sie von innen die Läden aufgestoßen hatten.

Sterne, die kein Licht gaben. Aber schön war es, auf dem Matratzenlager zu liegen und diese Sterne anzuschauen.

»Jetzt habe ich Monate auf einer Wetterstation gelebt und doch nie so ein richtiges Wetterphänomen erlebt«, sagte sie.

»Hat dir der Sturm, der uns fast samt dem Haus fortgerissen hätte, etwa nicht genügt?«

»Das meine ich nicht. Ich meine so richtig schöne Wetterphänomene. Elmsfeuer zum Beispiel ...«

Straub wollte ausholen zu einer fundierten und doch allgemein verständlichen Erklärung des Phänomens, das ja auch der berühmte Edward Whymper bei seiner erfolgreichen und zugleich so tragischen Erstbesteigung des Matterhorns erlebt hatte.

Doch Lidia drückte ihm sanft ihre Hand auf den Mund. »Aber jetzt will ich nichts wissen von Elmsfeuern und Matterhörnern. Ich will nur so bei dir liegen und den Augenblick festhalten.«

So lag sie auf seinem Arm. Er genoss ihre Wärme und sie genoss es, die Kraft dieses Mannes zu spüren. Ohne darüber zu sprechen, dachte jeder von ihnen an die nahe Zukunft. Was sie ihnen bringen, wohin es sie verschlagen würde. Sie strich ihm mit der Hand über die Brust, ließ sie zu seinem Hals wandern, kraulte seinen Bart, steckte ihm einen Finger zwischen seine Lippen.

Straub tat nichts, außer sich ganz auszustrecken und damit zu signalisieren, es ist schön, mach weiter damit, mein ganzer Körper könnte dein Spielplatz sein.

Sie roch seine verschwitzten Achseln. Er riecht nicht gerade nach einer Blumenwiese, dachte sie. Aber ich bestimmt auch nicht.

Sie hatten sich im Schnee vor dem Haus frisch gemacht, waren barfuß durchs eiskalte Weiß getappt, bis die Füße zu schmerzen begonnen hatten, sie hatten sich mit Schnee abgerieben und vor allem jene Stellen mit einer kalten Katzenwäsche bedacht, die stets besonders ausdünstungsintensiv waren. Doch ein richtiges Bad konnte solch eine Prozedur natürlich nicht ersetzen.

Wenn man es genau nimmt, dachte sie, dann stinken wir fast wie die Stallhasen.

Straub streichelte eine ihrer Brüste. Ganz sanft, als würde er eine Wunde mit Salbe eincremen. Lidia bekam eine Gänsehaut davon, es war wunderschön.

Mit nur einer Hand widmete sie sich seinem Körper. Sie erkundete mit dem Mittelfinger seinen Nabel, kniff leicht in seine Brustwarzen, ließ den Daumen zwischen Nabel und Schamhaaransatz erst hin und her wandern, um dann damit zu beginnen, genau in diesem Bereich langsame Kreise zu ziehen.

Sie spürte Straubs große Erregung, ohne sie ertasten zu müssen. Da war ein ganz zartes Vibrieren in seinem Körper. Sie löste sich aus seinem Arm, richtete sich ein Stück auf und begann damit, ihn erst im Gesicht, dann am Hals dann auf der Brust zu küssen. Es machte ihr nichts aus, dass Straub in diesen Minuten mehr nahm als er gab, dass er fast still genoss, was sie ihm bot. Ganz im Gegenteil. Bisweilen fand sie es überaus stimulierend, den Mann nur zu verwöhnen und sich selbst dabei ganz zurückzunehmen.

Und besonders stimulierend, zumindest für sich selbst, empfand sie es, dabei lange Zeit nur um seinen Mittelpunkt zu kreisen, sich ihm zu nähern und gleich wieder zu entfernen, aber nicht danach zu greifen. Sie mochte es, mit Straub so lange zu spielen, bis er es einfach nicht mehr aushielt.

Sie wusste, dass es gleich soweit wäre, versuchte insgeheim abzuschätzen, ob es noch in derselben Minute geschehen würde oder erst in der nächsten. Es passierte irgendwo dazwischen. Straub schnellte hoch, packte sie bei den Schultern, drehte sie zur Seite, schob an den Hüften nach, bis sie in die andere Richtung blickte und ihm den Rücken und den Po zudrehte.

Sie mochte diese Stellung nicht, hatte sie nie gemocht. Ihr war, als würden da zwei miteinander schlafen, die sich dabei nicht in die Augen blicken wollten. Trotzdem half sie mit, als Straub sich an sie drückte und zunächst vergeblich versuchte, in sie einzudringen. Als es dann gelang, tat es ihr im ersten Moment ein bisschen weh, aber dieses Gefühl schwand sofort und machte einem Wohlgefühl Platz, das von ihrem Geschlecht ausgehend ihren ganzen Körper erfüllte.

Was den Genuss in diesen Minuten vollendete war, dass Straub ganz ruhig blieb, nur an sie geschmiegt dalag und es scheinbar im selben Maß wie sie genoss, auf diese Art vereinigt zu sein. Er tat nichts, als ihre Schulter zu liebkosen und ihr mit beiden Händen den Nacken und den Rücken zu streicheln.

Als sie, mehr liebesdienerisch als selbst liebesbedürftig, vorsichtig begann, ihren Po zu bewegen, sagte er:

»Nein. Mach nichts. Lass uns nur so liegen, so zusammen sein. Lass uns so einschlafen.«

Sie bezweifelte, dass das gelingen konnte.

Aber irgendwie ...

Sie schliefen so ein. Es war das wonnigste Gefühl, das je ihren Körper durchströmt hat. Sie konnte sich nicht daran erinnern, jemals zuvor so zufrieden gewesen zu sein. Sie fühlte sich so leicht und so frei von allen Zweifeln.

Dieses Gefühl mochte vielleicht nicht die ganze Nacht vorhalten, aber gewiss eine Stunde, in der sie nicht mehr wusste, ob sie schlief oder halb wach lag. Es war göttlich. Nie hätte sie geglaubt, ohne den Höhepunkt der Lust zu überschreiten eine derartige Intensität der Zweisamkeit erlangen zu können.

Ob wach oder im Halbschlaf – Lidia nahm es an als erleuchtendes Erlebnis, als einen Schritt in eine neue Dimension, die ihr bislang verborgen geblieben war. Sie kostete diese überraschende Erfahrung aus, spürte tief in sich höchste Erfüllung. Und sie spürte das alles nicht nur im Augenblick – ihr Fühlen währte noch viel, viel länger.

18

Dieses Gefühl, das sie nie zuvor im Leben verspürt hatte und das sie so auch gewiss nicht wieder verspüren würde, wirkte noch lange nach. Noch in Dresden, in ihrer Villa am Elbufer, brauchte es nicht viel, um diese nächtliche Stunde nicht nur in Erinnerung zu rufen, sondern geradezu lebendig werden zu lassen. Sie konnte Straubs Körper an dem ihren spüren, sein Geschlecht in dem ihren, es war wieder und immer noch genussvoll, auch wenn sie weinen musste, so heftig weinen, dass es sie schüttelte vor Trauer und Wut.

Straub war tot.

Sie musste es sich immer wieder vorsagen, wie zur Bestätigung und damit sie nicht dem Irrglauben aufsaß, er könnte doch noch leben und irgendwann ganz einfach vor der Türe stehen.

Straub ist tot.

Und er würde gewiss nicht mehr vor der Türe stehen.

Vor einigen Tagen war sie urplötzlich selbst vor der eigenen Türe gestanden. Das Hauspersonal war bestürzt. Lidia war völlig abgerissen angekommen, spät am Tag, in Bergstiefeln und in völlig ramponierter Kleidung. Einer Männerbundhose noch dazu. Ihr Haar war völlig derangiert gewesen, sie wirkte ungepflegt, roch schlecht und wirkte zudem völlig verwirrt.

Sie war nach Hause gekommen, verwirrt, sprachlos, verbittert und nicht bereit, Auskünfte zu geben. So wie sie war, angekleidet und schmutzig, hatte sie sich auf ihr gemachtes Bett geworfen. Die besorgten Nachfragen des Hauspersonals wurden abgewürgt und untersagt. Kein Woher, kein Warum, kein Was. Die Fragen, die man den treuen Leuten von den Augen hätte ablesen können, bekamen keine Antworten.

»Raus!«, brüllte Lidia. »Macht, dass ihr hier rauskommt. Und lasst mich in Ruhe!«

Aber die gute Frau Kreiss – sie vor allem – ließ sich so einfach nicht ins Bockshorn jagen. »Ich würde gerne nach Doktor Perry schicken«, sagte sie leise. »Mir wäre wohler, wenn er nach Ihnen sehen würde ...«

Jetzt brüllte Lidia nicht. Sie schien einerseits fassungslos über den Ungehorsam der Bediensteten und zugleich getroffen von der leisen Fürsorge. Fast kleinlaut antwortete sie:

»Nein, keinen Arzt. Ich brauche keinen Arzt. Bitte, verschonen Sie mich mit Doktor Perry.«

Doktor Perry kam eine Stunde später in Begleitung von Lidias Schwager Jakob. Frau Kreiss hatte Herrn von Berneis über die Rückkehr und den Zustand Lidias unterrichtet, und er hatte sofort den Arzt bemüht.

Perry, seit langem ein Vertrauter der Familie, hatte körperlichen und seelischen Erschöpfungszustand bei Lidia diagnostiziert, hatte ihr ein Mittel zur Stärkung verschrieben, ihr aber zunächst ein leichtes Beruhigungsmittel gespritzt. Es war jedoch auch ihm nicht gelungen, aus ihr herauszubringen, wo sie so lange gewesen und was mit ihr geschehen war. Er empfahl ein nicht zu heißes Bad, das der Entspannung dienen sollte – und er beteuerte, dass dies wirklich nur therapeutischen Zwecken diene. Lidia ergab sich ins Unausweichliche.

Sie war sodann froh gewesen, dass weder ihr Schwager noch der Arzt weiter in sie drangen. Sie war froh um die Ruhe, die man ihr ließ. Zunächst schlief sie viel. Sie wachte nach zwölf Stunden auf, die sie scheinbar traumlos verbracht hatte, ging ins Bad, verrichtete ihre Notdurft, wusch sich flüchtig, legte sich wieder aufs Bett und schaute sich ihr Schlafzimmer an, ohne dass sie es mit sich und ihrem Dasein noch in Verbindung zu bringen vermochte.

Die schweren Vorhänge. Zugezogen. Darüber war sie froh. Die Bilder in den opulenten Rahmen: Romantische Landschaften und Genreszenen. Albern. Auf der Frisierkommode eine Schmuckschatulle, asiatisch, mit feinen Einlegearbeiten aus Perlmutt. So fremd. Der Teppich, so weich und so wertvoll. Die Türen mit glänzenden Messinggriffen, eine zum Badezimmer, eine zu ihrem Ankleidezimmer. Bin das noch ich?, dachte sie.

Sie erkannte allmählich alles besser und füllte es mit Erinnerungen auf. Und doch war ihr, als wären diese Erinnerungen nicht ihre eigenen, als wären sie ihr von jemand Nahestehendem nur erzählt worden.

Auf dem Nachttisch Teekanne und Tasse – feinstes Meißner Porzellan. Neben dem Bett die Kordel – sie brauchte nur daran zu ziehen, schon kam jemand, um nach ihren Wünschen und Aufträgen zu fragen.

Aber wenn das hier nicht ihre Welt war, welche war es dann?

Sie konnte sich erinnern, am Dresdner Bahnhof eine Droschke bestiegen zu haben. Aber sie wusste nicht, woher sie kam, mit welchem Zug sie gefahren und ob und wo sie vielleicht umgestiegen war. Sie wusste noch, dass Straub gestorben war, sie sah sein Gesicht, nah an dem ihren, und sie spürte wieder dieses gewisse Gefühl. Aber sie wusste nicht mehr, warum er gestorben war, warum er nicht an ihrer Seite weiterleben konnte.

Es brauchte Tage, erschöpfende, bleischwere Tage hinter zugezogenen Vorhängen, bis ihr eine Melodie in den Sinn kam. Nein, keine Melodie, ein Lied. Sie konnte schon ein paar Töne summen, aber den Text kannte sie nicht. Ein Lied. Welches Lied? Schön war es. Sie kannte es, musste es gehört haben vor langer Zeit. Aber wann? Und bei welchem Anlass.

Körperlich erholte sie sich schneller als erwartet. Doktor Perry war sehr zufrieden. Seine Besorgnis über ihren seelischen Zustand verheimlichte er ihr gegenüber, brachte sie jedoch bei ihrem Schwager zum Ausdruck. Doch da Lidia sich verschloss, blieb sie ihnen weiterhin ein Rätsel.

Sie ließ sich ihren Rucksack bringen, den niemand zuvor hatte anrühren dürfen. Allein in ihrem Zimmer, packte sie die nassen, muffig riechenden Sachen aus. Die Kleidungsstücke warf sie achtlos auf den Boden. Die Trinkflasche schraubte sie auf und roch am Flaschenhals. Ein säuerlicher Geruch stieg aus dem dunklen Innern auf, ekelhaft. Sie wurde wütend: Nur stinkende Wäsche dachte sie, nasse, stinkende Wäsche. Und eine versaute Flasche. Nichts sonst. Nichts!

Sie schleuderte den Rucksack in die Ecke. Und dabei gab der seine letzten Geheimnisse frei. Eine kleines Sammelsurium blauer Stofffetzchen und eine feucht gewordene, verknickte und zerknitterte Ansichtskarte.

Ich hätte sie in dem Buch lassen sollen, dachte sie, dann wäre sie besser erhalten geblieben. Ja, jetzt fiel ihr das wieder ein: Sie hatte die Karte beim Aufräumen gefunden, von Straub als Einmerker in irgendeinem Buch verwendet. Heimlich, ohne sein Wissen, hatte sie die Karte an sich genommen und in ihrem Gepäck verstaut.

Lidia zog die Vorhänge auf. Mehr Licht! Sie schaute die Postkarte an: zwischen Palmen eine nackte Frau. Sie musste lachen, richtig lachen.

Mein Erinnerungsstück an den jungen Herrn Wetterwart Anselm Straub. »Mehr hab ich ja nicht«.

Dann aber hob sie auch die Stoffstücke auf, alle blau, wenngleich in ganz verschiedenen Tönen, und sie nannte sie »Himmelsfarben«.

»Meine Himmelsfarben.«

Sie mochte sie ans Fenster halten und den Himmel über der Elbe bestimmen. Aber es regnete. Was heißt regnete, es schüttete, und der Fluss, den sie in einiger Entfernung sah, führte reichlich hohes Wasser.

Mit großer Besorgnis erfüllte jener Zwischenfall in den Elbwiesen die Familie ihres verstorbenen Mannes und das Personal im Haus: an einem der Tage, da es ununterbrochen regnete, gelang es Lidia unbemerkt das Haus zu verlassen und, bekleidet nur mit dem Nachtgewand, auf dem gekiesten Weg hinabzugehen zu den Elbwiesen. Dort – man stelle sich den Skandal vor – hatte sie das Nachthemd abgestreift und sich dem Regen hingegeben. Ja, genau das war der Ausdruck, der plötzlich zu hören war, geflüstert hinter vorgehaltener Hand, von anzüglichem Gekichere begleitet: Frau von Berneis hatte sich dem Regen hingegeben.

Wohlmeinende sprachen von einer vorübergehenden Verwirrung, während solche, die mit Urteilen schneller bei der Hand waren als Zweifel aufkommen konnten, sie nun für völlig verrückt erklärten.

Doktor Perry hingen war schon froh, dass sie sich nicht auch noch eine Lungenentzündung dabei geholt hatte. Wie hätte er auch wissen können, dass sie abgehärtet war durch die Monate auf dem hohen Berg, dass sie es gewohnt war, sich bei Minustemperaturen im Freien mit Schnee abzureiben, dass ihr, der Geliebten des Wetterwarts, kein Wetter mehr etwas anhaben konnte.

Sie selbst hatte es ja auch vergessen.

Aber mit diesem Tag kamen weitere Erinnerungen. Kamen Erinnerungen an die Tage, Wochen, Monate auf der Zugspitze. Es war, als würde ein hartnäckig sich behauptender Nebel allmählich lichter werden. Heller wurde es um sie herum. Zunächst kaum merklich, erst einmal nur ein Verdacht, kein Wissen, keine Gewissheit. Aber dann, ja, natürlich, das Grau verschwand, der Himmel wurde erst milchig und dann durchlässig und plötzlich tauchten, wie aus dem Nichts und immer noch im Nebel schwimmend, gelb leuchtende Bergspitzen auf.

Das Grammophon. Musik. Tanzen.

Da war das Lied, das Lied eines italienischen Opernsängers ... und Straubs Stimme konnte sie hören, wie er vorlas aus einem Buch. Sie sah ihn im Sturm aus dem Haus stapfen, fühlte das Sicherungsseil in ihren Händen. Sie spürte die Kälte der Tage auf dem Gipfel, und sie spürte milde Sonnenstrahlen in ihrem Gesicht. Sie erinnerte sich an das Zusammenleben in der Wetterstation – nicht nur, wie sie sich mit Straub die Arbeit und das Bett teilte, sondern nach und nach immer mehr und immer weitere Details.

Sonderbar, dachte sie, dass mir das jetzt einfällt. Dass der Griff der Tischschublade wackelte, war ihr während des Aufenthaltes auf der Zugspitze gar nie aufgefallen. Erst jetzt, wo ihr Bewusstsein langsam erwachte, kam dieses scharf geschnittene Bild zum Vorschein.

Genauso wie das Spinnweb an einem Fenster, wie das Kratzen der Decken auf der nackten Haut, wie das Geräusch der Tür, wenn sie aufgemacht oder geschlossen wurde. Alles dies und viel mehr noch kehrte in sie zurück und bekam Gegenwärtigkeit. Es war, als fände Lidia wieder festeren Boden unter die Füße. Ihre Verwirrung ließ nach.

Doch zugleich klammerte sie sich auch an den desolaten Zustand, in dem sie nach Dresden zurück gekehrt war. Sie ahnte, mehr noch, ganz tief in ihrem Wesen wusste sie, dass es Dinge gab, die sie nicht mehr an sich heranlassen wollte. Sie spann sich ein wie eine Puppe in ihren Kokon. Ließ niemand an sich heran. Verschloss ihren Mund und ihr Herz und nahm nicht teil am Leben um sich herum.

Es gab Momente, da reagierte sie milder auf ihre Umgebung und wurde damit besser erträglich. Doch schon in der nächsten Stunde konnte sie einen cholerischen oder hysterischen Anfall bekommen. Dann brauchte sie keinen Grund, um das Hauspersonal anzuschreien, oder aber sie warf eine Vase von der Kommode oder sie versuchte, die Vorhänge herunterzureißen.

Der Doktor blieb seiner Linie treu: Er gab Aufbauendes und Beruhigendes, empfahl viel Schlaf und lange, allerdings beaufsichtigte Spaziergänge, wusste aber eigentlich nicht wirklich Rat und war deshalb insgeheim der Hoffnung, dass die verstreichende Zeit einen entscheidenden Beitrag leisten würde – wozu auch immer.

Es war ein Glück, dass Magda auftauchte, die stille Frau von Lidias Schwager. Von jeher zurückgezogen, hatte sie nie viel Anteil genommen am gesellschaftlichen Leben der Familie von Berneis. Stets hatte sie so gewirkt, als würde sie ihr Leben schweigend erdulden. Und meist war sie von einer Aura stillen Schmerzes umgeben. Auch Lidia hatte nie viel Kontakt zu ihr gehabt. Die beiden Frauen hatten wenig gemein, und in den Jahren waren nicht allzu viele Worte gewechselt worden.

Doch darum, um das Wechseln von Worten, ging es Magda auch jetzt nicht.

An einem milden Vormittag im Mai begehrte sie Einlass in Lidias Schlafzimmer. Sie fragte nicht, wie es ihr ginge, nicht, wie sie geschlafen habe, nicht, ob sie schon irgendwelche Pläne hätte für diesen doch ganz vielversprechenden Tag. Sagte nur: »Lidia, zieh dich an. Wir wollen spazieren gehen.«

Und Lidia leistete keinen Widerstand. Fast eine halbe Stunde lang gingen sie am Elbufer entlang Richtung Pillnitz, und genauso lange gingen sie wieder zurück. Magda fragte nichts, wollte scheinbar nichts wissen, war entweder überhaupt nicht neugierig – oder wusste alles, was sie wissen musste. Und Lidia? Sie schwieg ebenfalls. Schaute zumeist auf den Fluss und hing ihren Gedanken nach. Zweimal bückte sie sich nach einem Stein, den sie übers Wasser springen lassen wollte. Doch beide Male gelang ihr das Spiel nicht besonders gut.

Magda kam nun fast jeden Tag. Und Lidia wartete an fast jedem dieser Tage schon auf sie. Manchmal hakten sie sich bei ihren immer länger werdenden Spaziergängen unter, manchmal lächelten sie sich kurz an. Viel geschah nicht.

Doch taten Bewegung und frische Luft Lidia offensichtlich sehr gut. Sie bekam wieder Farbe, wie Doktor Perry es umschrieb, bald wirkte sie gefestigter und stabiler, das Schlimmste schien vorüber.

Magda wusste es besser.

»Wir könnten uns mit dem Wagen nach Graupa bringen lassen«, sagte sie eines Tages. »Und dann durchs Liebethal bis Lohmen wandern. Was meinst du? Oder willst du lieber nach Lohmen fahren. Von dort gehen wir durch den Uttewalder Grund bis nach Wehlen und fahren mit dem Schiff zurück. Oder …«

»Nicht in die Berge«, sagte Lidia. »Ich will auf keinen Fall in die Berge! Auf keinen Fall!«

So blieben sie in der Umgebung der Villa, gingen bevorzugt am Fluss entlang, und wenn es sie doch einmal nach Abwechslung gelüstete, so ließen sie sich nach Radebeul fahren oder sie bummelten durch das Herz der alten Stadt.

In die Berge – wie hier die Erhebungen der Sächsischen Schweiz hochtrabend genannt wurden – gingen sie auf keinen Fall.

Die Berge als solche wollte Lidia vergessen. Ein für allemal. Und irgendwie, sie wusste nicht wie und wollte es nicht wissen, hingen diese mittelgebirgigen Tafelberge mit richtigen Bergen zusammen. Mit mächtigen Felsen, mit tiefen Schluchten, mit wilden Wassern, die von Gletschern gespeist wurden.

Schnee, dachte sie. Um Gottes willen, Schnee, um Gottes Willen, keinen Schnee, nicht hier, nicht jetzt.

»Keinen Schnee«, stammelte sie. »Bitte keinen Schnee ... bitte ... bitte ...«

Auf den Elbwiesen war das Frühjahr schon wieder im Ausklingen. Das Gras war kräftig und dunkelgrün geworden, pralle Löwenzähne setzten fröhliche Farbflecken. An den Hängen, wo die Villen erhöht über dem doch auch stets gefährlichen Fluss standen, wurden die Blüten an den Obstbäumen immer spärlicher. Der Sommer würde früh kommen. Und Lidia sah Schnee, begann zu schluchzen, sprach von Schnee, wurde wie von Krämpfen geschüttelt und wehrte sich gegen Schnee, wo gar keiner war.

»Keinen Schnee ... keinen Schnee ... wir müssen hier weg ... müssen weg ... schnell ...«

Magda drückte sie fest, nahm sie in die Arme, zwang sie, sich in die Wiese zu setzen. Weit und breit war niemand zu sehen, so konnte wenigstens Aufsehen vermieden werden.

»Beruhige dich, meine Liebe«, sagte sie. »Beruhige dich. Hier ist nur Gras, Wiese, ein paar Bäume, und dort drüben, da ist der Fluss. Aber Schnee ist hier keiner, nicht ein Flöckchen. Beruhige dich. Bitte beruhige dich.«

Doch Lidia konnte sich nicht beruhigen. Sie zuckte am ganzen Körper. Und sie biss die Zähne so fest zusammen, dass die Wangenknochen deutlich hervortraten. Sie litt fürchterlich.

Magda glaubte schon an eine Epilepsie oder so etwas Ähnliches. Nun wäre es ihr sehr lieb gewesen, wenn Leute dahergekommen wären und Hilfe hätten leisten können. Sie wusste nicht, ob man an so etwas sterben konnte. Aber es hatte auf jeden Fall den Anschein.

Sie drückte, schüttelte und zerrte an der mehr liegenden als sitzenden Lidia herum, sprach unablässig auf sie ein, flehte sie an, zu sich zu finden, schrie sie an, sie solle mit dem hysterischen Gebaren aufhören, sprach freundlich auf sie ein und versuchte es gebieterisch, und war schließlich froh, dass Lidia sie wenigstens aus großen, staunenden, fragenden Augen ansah.

»Magda?«, sagte sie. »Magda. Dass du da bist ...«

Es war keine Frage, kein Dank, es war alles zusammen, war Erkennen und Freude, war Verwunderung und Ablehnung zugleich.

Aber Magda ließ nicht zu, dass die Mauer wieder hochgezogen wurde, dass Lidia sich neuerlich hinter einem Wall aus Schweigen und Unzugänglichkeit verschanzen konnte.

»Sprich mit mir!«, sagte sie. Und sie sagte es so fordernd und bestimmt, dass selbst eine verwirrte Lidia die Nachdrücklichkeit in den Worten spürte. Wenn ihr Verstand nicht in der Lage war, ganz zu begreifen, so taten es ihr Herz oder ihre Seele oder was auch immer dazu befähigt sein konnte: Hier war eine treue Gefährtin, und die würde nicht mehr mit ihr an der Elbe entlang spazieren, wenn sie ihr kein Vertrauen schenkte. Ja, da war die Gefahr: eine Freundin zu verlieren. Wieder einen Menschen zu verlieren, der einem aus irgendeinem Grund besonders nahestand.

Nicht verlieren, dachte Lidia. Will niemand mehr haben, und will niemand mehr verlieren.

Sie setzte sich auf, zog die Knie an, strich das lange Kleid über die hoch geschnürten Stiefeletten und strich sich eine Haarsträhne aus der Stirn.

»Warum willst du nicht in die Berge?«, hörte sie Magdas Stimme. »Warum fährst du nicht mit mir zur Bastei, wo es so herrlich ist? Sag mir, was ist geschehen?«

Nicht in die Berge, wollte sie sagen. Aber sie sagte es nicht. Die Berge, der Schnee, die Kälte, das Eis. Sie hatte das alles hinter sich gelassen. Die Lippen waren ihr dabei aufgeplatzt, die Füße und Hände wären ihr beinahe erfroren, sie hatte halb den Verstand verloren. Aber, was noch schwerer wog: Sie hatte ihre Zukunft verloren, Straub war ...

Sie begann zu weinen. Erst schluchzend, dann immer intensiver, immer unaufhaltsamer.

Magda befürchtete zuerst, der schlimme Anfall von vorhin würde sich wiederholen. Doch dann akzeptierte sie die Tränen und die qualvollen Laute als Ausdruck tiefen Leides, das nun nicht mehr zurückgehalten wurde. Jetzt weinte Lidia wie ein Kind. Jetzt schien sie vorgedrungen zur Quelle ihrer Schmerzen.

Und in der Tat: So war es.

In ein und demselben Augenblick strömten alle Erinnerungen zugleich auf sie ein. Binnen einer einzigen kleinen Sekunde war alles wieder in ihrem Geist und ihrem Verstand. Jede Erinnerung, gewünschte oder unerwünschte, beglückende oder bestürzende oder gerade in ihrer beglückenden Wirkung so bestürzende. Alles, alles, alles war wieder da: die Einsamkeit und der lange Winter – das erotische Spiel zu Beginn und dann die lustvolle Erfüllung – die Zweifel, das Richtige zu tun – die Momente der tiefen Liebe genauso wie die Momente der Zwistigkeiten – sein Gesicht, seine Augen, seine Nase, sein Rücken, sein Po, alles – und der Abstieg und die Knorrhütte und die Hoffnung auf den kommenden Tag und der frühe Morgen und ...

Es brach über Lidia herein wie ... ja, wie eine Lawine.

19

Es war eine Lawine! Heimtückisch und gemein. Sie kam, als Straub und Lidia das Schlimmste schon überstanden glaubten. Sie überraschte sie fast am Ende ihres gefahrvollen Weges. Eine halbe Stunde später wären sie in Sicherheit gewesen, im Schutz dichten Waldes, unerreichbar für die alles erdrückenden, alles erstickenden Schneemassen.

Sie hätte nicht sagen können, am Morgen ein ungutes Gefühl gehabt zu haben. Sie war erwacht, bevor es richtig hell geworden war. Durch eines der Fenster sah sie den Himmel in einem schwachen Grauton. Sie spürte Straubs Körper an ihrem, seinen gleichmäßigen Atem an ihrem Nacken.

Was für eine Nacht, dachte sie. Wie wundervoll, trotz dieser misslichen Umstände.

Aber es half ja nichts. Sie konnten nicht liegen bleiben, nicht ganz allmählich erwachen, nicht im schlafwarmen Matratzenlager vollenden, auf was sie am Abend zuvor verzichtet hatten.

Ich täte es jetzt gern, dachte sie. Wird nachgeholt, dachte sie weiter.

Sie stieß Straub an, der zuerst brummend auf weiterschlafen beharrte. Dann aber schien ihm bewusst zu werden, wo er sich befand und was das eigentlich für ein Tag war. Sie hatten viel vor! Abstieg ins Tal – und dann gemeinsam in eine neue Welt ...

Später sollte Lidia mit dem grausamen Schicksal hadern: Wären wir doch nur liegen geblieben! Hätten wir doch nur den Morgen und den ganzen Tag verschlafen! Vielleicht wäre dann ... nein, die Lawine hat auf uns gewartet, auf ihn und auf mich ...

Sie hatten ihre Sachen zusammengepackt, ein bisschen vom Proviant verzehrt, aber nicht viel, nur ein paar Brocken, hatten sogar darauf verzichten müssen, sich Tee zu bereiten – das Feuer war aus –, waren übereingekommen, zum »Frühstück« nur eisigkaltes Schmelzwasser zu trinken. Der Mensch braucht Flüssigkeit, um solche Beschwernisse zu meistern – das waren Straubs Worte gewesen.

Lidia ordnete die Decken. In der verlassenen Gaststube fand sie in einer Schublade Papier, Feder, Tusche. Sie schrieb »Tut uns leid. L.M.B.« und legte ein paar Münzen aus ihrem Portemonnaie auf das angegilbte Blatt.

Dann kletterten sie aus dem Fenster, klappten den Laden behelfsmäßig davor, stiegen die steile Schneewehe hinunter und machten sich auf den weiteren Weg, der ein anderer war als der, den sie im Herbst heraufgekommen waren.

Es war ein schöner Morgen. Kalt, aber nicht zu kalt. Der Himmel war klar, nur ein paar hohe Wolkenstreifen schwammen wie beiläufig im matten Blau des frühen Tages.

Lidia und Straub waren sich vollauf bewusst, dass dieser Tag wieder größte Strapazen für sie bereithielte. Noch tat jedem von ihnen der ganze Körper weh von den Anstrengungen, die nötig gewesen waren, um von der Zugspitze hinunter zur Knorrhütte zu gelangen. Als jetzt wieder diese elendige Plackerei im Tiefschnee begann, wäre es eigentlich ein Grund zum Verzweifeln gewesen – doch dagegen stand die Hoffnung auf das gute Ende: Die Hoffnung auf das Ende der unmenschlichen Mühsal. Und ganz einfach die Hoffnung, nicht mehr weitergehen zu müssen, da zu sein, dem hohen Berg zu entkommen.

Sie hatten genau besprochen, wie ihr weiterer Abstieg vonstatten gehen musste. Der Weg hinunter durchs Reinthal war ja aus zweierlei Gründen versperrt: Zum einen hätten sie sich auf vielen Kilometern Wegstrecke schlimmster Lawinengefahr ausgesetzt gesehen – die Bergflanken zur Rechten und zur Linken erhoben sich bis zu zwölfhundert Meter über den Talgrund. Hier entlang zu stapfen wäre riskanter gewesen als Russisches Roulette. Zum anderen bestand eigentlich nur hier die Gefahr, dass sie entdeckt werden konnten. Angenommen, sie würden es unbeschadet bis zur Bockhütte und weiter zur Vorderen Partnachklamm schaffen, angenommen, sie würden dieses endlos lange Wegstück heil überstehen, dann konnte es sein, dass sie in der Nähe der Klamm, beim Graseck, beim Reinthaler Hof oder bei der Partnachalm auf Menschen träfen, die zumindest den Wetterwart erkennen würden. Der Bergführer Dengg zum Beispiel. Ganz zu schweigen von Partenkirchen, wo sie ja unweigerlich eintreffen mussten ...

Nein, ihr Weg war anders vorgezeichnet: Von der Knorrhütte gab es – im Sommer – einen Steig, den angeblich vor allem die Gamsjäger begingen. Er führte vergleichsweise eben über den östlichsten Ausläufer des Zugspitzplatts. Etwa drei Kilometer mussten es sein, bis diese tief verschneite Ebene bewältigt wäre. Dann der Aufstieg zum sogenannten Gatterl – und dann ginge es fast nur noch hinab. Irgendwo würden sie in eine Almhütte einbrechen, eine weitere Nacht am Berg, aber schon in Sicherheit verbringen, um dann in Tirol herauszukommen. Unbemerkt, ohne Aufsehen zu erwecken, würden sie mit der Bahn die Reise antreten können.

»Wir fahren nach Innsbruck«, sagte Lidia. »Und von da irgendwie nach München.«

»Über Kufstein und Rosenheim«, sagte Straub. »So machen wir einen weiten Bogen um die ganze hiesige Region.«

»Dann müssen wir nur noch aufpassen, dass dich beim Umsteigen in München niemand entdeckt«, sagte Lidia mit einem geradezu schelmischen Lächeln.

Dass er zu ihr nach Dresden mitkommen würde, allen Regeln des Anstandes zum Trotze, war längst beschlossene Sache. Doch der Bahnhof zu München bereitete ihm Sorgen. Umsteigen, Aufenthalt, Wartezeit. Tausend Menschen, die ankamen, wegfuhren, die Ankommende erwarteten oder Abreisende verabschiedeten. Wie leicht konnte es da passieren, dass ihn jemand erkannte. Ein Studienkollege vielleicht. Jemand vom Institut. Oder gar Elisabeth. Oder, fast noch schlimmer, ihr strenger Herr Vater.

Doch es war jetzt nicht die richtige Zeit, um sich darüber Sorgen zu machen. Noch musste ihr ganzes Denken dem Abstieg gelten: Die Kräfte waren einzuteilen, das Gelände auf Gefahren hin zu sondieren, und dann musste ja auch noch ein Platz für die Nacht gefunden werden. Es wäre auch geradezu skurril, nach all den Mühen und Qualen dann wenig oberhalb der ersten Dörfer Tirols noch zu erfrieren oder an Erschöpfung zu sterben.

Fünf Stunden brauchten sie, um das Platt zu überwinden. Fünf Stunden für drei Kilometer! Aber heute waren sie weniger überrascht von der Plage. Sie waren schon darauf eingestellt, sich im Schneckengang durchs Gelände zu bewegen. Sie wussten bereits, wie die Anstrengung ihre Muskulatur zum Brennen bringen würde, und wie es sich anfühlte, wenn bei jedem Atemzug die kalte Luft in den Lungen schmerzte.

Fünf Stunden also von der Hütte zum Gatterl. Das war die Stelle, wo sie das eigentliche Reich der Zugspitze verlassen konnten.

Sie ließen sich schwer atmend in den Schnee sinken, waren froh, diese drei Kilometer hinter sich zu haben, sie aßen etwas und tranken Schmelzwasser aus ihren Flaschen. So sehr sie aber erpicht darauf waren, fortzukommen aus der weltabgeschiedenen Hochgebirgsregion, so sehr waren sie doch zugleich beeindruckt von der Rückschau auf diese ockerfarbene

Welt, die für Monate ihre Heimat gewesen war.

Unsinn, dachte Lidia. Ockerfarben ... so ein Unsinn!

Sie schob die Gletscherbrille auf die Stirn, hielt die Augen zusammengekniffen, öffnete die Lider nur ganz langsam.

Weiße Welt. Unglaublich schöne, weiße, reine Welt. Und darüber das tiefe Blau eines nun wolkenlosen Himmels. Am liebsten hätte sie das Zyanometer aus dem Rucksack geholt, um mit dieser schlichten Skala einmal noch, nur dieses eine Mal noch, den Himmel zu bestimmen.

»Wir waren auf einem anderen Planeten«, sagte Straub zu ihr. »Schau dir das an. Ist es nicht irgendwie unfassbar schön?«

»Was glaubst du, was ich mache?« Sie sah ihn an. Dann zeigte sie, mit der Rechten einen Bogen durch die Luft ziehend, auf das Panorama. »Ich versuche, mir das wie ein Aquarell in die Erinnerung zu malen. Es ist ... wie soll ich es sagen ... es ist verdammt eindrucksvoll. Und dabei habe ich eigentlich eine fürchterliche Wut auf diese Berge und diesen Schnee, diesen verfluchten. Ich will hinunter, ich will warmes Wasser, mich waschen. Und dann frische Sachen zum Anziehen kaufen.«

Straub nickte.

»Und doch werde ich alles hier auch irgendwann vermissen«, fuhr sie fort. Sie hatte großen Durst, trank, aber es gelangen ihr nur kleine Schlucke.

»Es ist ein Wintermärchen«, sagte sie. »So schön wie heute war es eigentlich noch nie.«

Nicht nur der Blick zurück über das Platt zu den Höllenthalspitzen und zur Zugspitze bewegte ihre Gemüter, auch nach Süden hin zeigte sich die Bergwelt in höchster Pracht. Unter der Glasur aus Schnee und Eis erschienen die markanten Felsgipfel noch höher und majestätischer als im Sommer. Dort, wo im Juli und August mancher Berghang aus kargen Schrofen und nackten, steilen Wiesenhängen zusammengesetzt war, glänzte im Licht der Mittagssonne nun eine ebenmäßige Schneefläche von imponierender Steilheit und Dimension. Eine Schönheit, die becircte und vergessen machen konnte, dass hier nicht verweilt werden durfte.

»Bestimmt hat es schon Bergsteiger gegeben, die einfach an einer solchen Stelle sitzen geblieben und nie mehr zurückgegangen sind«, sagte sie. »Einfach so.«

»Wir bleiben nicht«, sagte Straub. »Wir haben noch ein Leben vor uns.« Er half ihr auf, klopfte ihr den Schnee vom Gewand, küsste sie auf die Wange. »Komm!«

Es passierte, als sie den Wald schon fast erreicht hatten. »Wenn wir im Wald sind«, hatte Straub wenig zuvor gesagt, sind wir in Sicherheit. Da erwischt uns keine Lawine und da werden wir auch nicht erfrieren.«

Seit einiger Zeit schon hatte ihr mühsamer Abstieg durch baumbestandenes Gelände geführt. Kahle Lärchen, von Wind und Wetter verbogene Föhren, vereinzelt standen sie wie Wegweiser heraus aus der lebensfeindlichen Welt des Hochgebirges. Zum Wald, zum eigentlichen Wald, wo Baum an Baum wuchs, war es vielleicht noch eine halbe Stunde.

Lidia, die heute in besserer körperlicher Verfassung war als zuletzt, war vorne, machte Spurarbeit. Straub, der von den Anstrengungen des Abstiegs müde geworden war – er war viel vorangegangen –, kam zwanzig, dreißig Meter hinter ihr.

Plötzlich hörte Lidia ein Rauschen. Gar nicht besonders laut. Kaum lauter als das Geräusch, mit dem bisweilen der Schnee von den einsamen Bäumen gerutscht war, wenn sie nahe daran vorbeikamen. Unspektakulär eigentlich. Und doch ... Lidia spürte, dass es anders war, anders klang, anders sein würde. Sie drehte sich um, sah Straub, der nichts gehört zu haben schien, der einfach weiterstapfte in der Spur. Die Nachmittagssonne tauchte ihn und die ganze Landschaft in ein warmes Licht. Der ganze Hang lag in warmem ... aber der Hang lag nicht, er bewegte sich. Er war, vielleicht hundert Meter oberhalb ihrer Spur, ins Gleiten gekommen. Ja, sie sah es, sah weit oben eine Stelle, wo der Schnee wie abgerissen war. Dort oben war alles richtig, dort lag der Schnee, wie es sich gehörte. Doch darunter hatte er sich auf breiter Front in Bewegung gesetzt. Ganz langsam, so schien es ihr, kam dieser riesige Schneeteppich auf sie zu.

Lawine! Mehr dachte sie nicht. Lawine!

Und dann schrie sie, schrie, was ihr wunder Hals noch hergab. Schrie »Straub!« Schrie »Anselm!. Schrie »Lauf! Lauf schnell! Straub!«

Straub hörte sie, hörte aber scheinbar weder, was sie schrie, noch hörte er das Geräusch der Lawine. Er blieb stehen, schaute zu ihr, rief selbst etwas, das wiederum sie nicht hörte, nicht hören konnte. In Sekundenschnelle war aus dem kleinen Rauschen ein Grollen geworden und schwoll nun an zu einem Getöse – und Straub stand da und sah und hörte nichts. Nur noch Momente, bis die Lawine ihn erreichen, ihn erfassen, ihn vernichten würde.

Lidia hatte instinktiv ihre eigene Situation richtig eingeschätzt. Sie war von der Lawine nicht unmittelbar bedroht. Die Spur der Verwüstung würde an ihr vorbeiführen. Doch Anselm Straub stand mittendrin. Und sie musste alles mit ansehen.

Musste mit ansehen, mit welch enormer Geschwindigkeit und mit welch fürchterlicher Gewalt die Lawine auf Straub zuraste. Im nächsten Augenblick würde er tot sein. Es gab kein Entkommen. Sie spürte den Luftdruck, sah fast nichts mehr, doch was sie sah, geschah verlangsamt wie in einem schweren Traum. Die rasende Lawine knickte Bäume als wären es Schachtelhalme. Sie stieb auf Straub zu, der ganz, ganz langsam den Kopf hob, als wollte er sehen, was ihn zerstörte. Lidia sah ihn einen Schritt tun und noch einen – ihr schien, er würde sich im letzten Moment auf Flucht besinnen, käme aber nicht vom Fleck, weil alles wie Honig war. Und dann sah sie, wie die Lawine ihn erfasste, hochhob, mittrug, ihn wälzte und verdrehte, sie sah all dies, was binnen weniger Augenblicke geschah, so verlangsamt, dass sich jedes grausige Detail in ihre Erinnerung eingraben konnte auf alle Zeit.

Lidia wurde Augenzeugin von Straubs Untergang. Ein Untergang im wahrsten Sinne des Wortes. Die anpeitschende Schneewelle wirbelte ihn in die Luft, er schlug auf, wurde wieder hochgeworfen. Er strampelte verzweifelt mit den Armen und Beinen, aber das war schnell vorbei. Als er zum dritten Male hochgeschleudert wurde, wirkte er nicht nur bewegungslos wie eine Puppe, seine Gliedmaßen waren auch so verdreht, als hätte ein neugieriges Kind seinem Spielzeug Gewalt angetan.

Dann versank Straub erstmals in den weißen Fluten, tauchte kurz auf, dann noch einmal, dann war er versunken, untergegangen, fort. Fort für immer.

Die Lawine lief sich aus, kam in einer Geländeverflachung zum Stillstand. Dort, wo sie vor kurzem noch eine Gehrinne gespurt hatte, lag jetzt zwei Meter hoch schwerer, gepresster Schnee. Darüber gab es keinen Baum und keinen Strauch mehr, alles war weggerissen, mit Urgewalt zerlegt. Und Straub? Er war mindestens zweihundert Meter weit mitgerissen und fortgespült worden. Intuitiv hatte Lidia darauf geachtet, sich die ungefähre Stelle einzuprägen, wo sie ihn zum letzten Male im reißenden Strom gesehen hatte. Ihr Verstand sagte, dass er tot war. Dass er schon tot gewesen war, als ihn der Schnee verschluckte. Aber die Hoffnung ...

Sie hörte sich reden und wusste nicht, ob sie sprach oder nur dachte, dass sie sprach. Sie hörte sich wieder und wieder das Sprichwort aufsagen: »Die Hoffnung stirbt zuletzt ... die Hoffnung stirbt zuletzt ... Hoffnung stirbt … zuletzt …«

Es gab nichts zu überlegen, nichts abzuwägen. Die Frage, ob sie aus dem Tal Hilfe hätte holen können, kam ihr nicht in den Sinn. Sie wusste es: Straub war tot. Die Frage, ob eine weitere Lawine sie erfassen würde, stellte sich ihr nicht. Sie wusste: Es war egal.

Sie stieg auf den gewaltigen Lawinenkegel und stapfte in die Richtung, wo Straub verschlungen worden war.

Jetzt, da sie auf der Lawine stand, konnte sie nicht mehr sicher sein, die Stelle auch nur annähernd zu treffen. Zu ungeheuerlich waren die Ausmaße der niedergegangenen Schneefläche.

Sie fand einen Handschuh, den Handschuh von Straubs linker Hand. Sonst nichts. Und sie beschloss, genau an dieser Stelle zu graben. Mit bloßen Händen. Die Hoffnung stirbt zuletzt.

Als die Dämmerung einsetzte, waren Lidias Fingerkuppen offen. Die Hände waren dick angeschwollen und Blut trat unter den Nägeln hervor. Sie hatte gegraben bis zur völligen Erschöpfung. Sie hatte geheult, geflucht, geschrien und sich zweimal übergeben – gefunden aber hatte sie nichts.

Sie lag im Schnee, lag vielleicht auf ihrem Anselm Straub – vielleicht war nichts weiter als ein Meter oder auch nur zwanzig Zentimeter Schnee zwischen ihnen. Doch sie war nicht mehr in der Lage, noch weiter zu graben und sie wollte nur noch hierbleiben. Hier im Schnee. Nur daliegen. Auf die Nacht warten. Und dass die Kälte und die Müdigkeit sie einlullen würden. Einschlafen – und nicht mehr aufwachen müssen.

Sie konnte jetzt nicht mehr weinen. Auch war sie völlig ohne Angst. Es gab nichts mehr, was sie ängstigen konnte. Alles war vorbei. Das einzige Gefühl, das sie verspürte, war ungeheurer Durst. Sie lag auf der Lawine und aß den Schnee. Aß? Sie kam sich vor wie ein wildes Tier: Sie fraß begierig, ohne die Hände dabei zu Hilfe nehmen. Sie biss in den Schnee und kaute darauf herum, sie schlürfte und schleckte und spuckte, und alles war ihr egal.

Auch hätte sie nicht sagen können, warum sie dann doch nicht auf dem Schnee liegen blieb. Irgendwann rappelte sie sich auf, nass, zitternd vor Kälte und Anstrengung, und schulterte ihren Rucksack. Sie wollte losgehen, dorthin, wo der dichte Wald begann.

Aber dann ließ sie sich noch einmal auf die Knie sinken. Sie beugte sich nach vorn, bis ihre aufgeplatzten Lippen den Schnee berührten. Das war ihr Abschiedskuss für Anselm, den jungen Wetterwart von der Zugspitze, der noch leben würde, wenn sie nicht in sein Leben getreten wäre.

Ein allerletzter Kuss. Bald, dachte sie, bin ich auch bei dir.

Sie glaubte nicht daran, allein noch bis ins Tal gelangen zu können. Sie spürte keine Kraft mehr in sich. Dass sie sich aufraffte und dann losging, schwerfällig, jeder Schritt ungeheuer mühsam, war mehr ein Reflex als eine bewusste Handlung. Und im Gehen schwand dann ihre Wahrnehmung der Realität fast völlig.

Sie hätte auch später nicht sagen können, wie lange es gedauert hatte, den Wald zu erreichen und hinter dem Wald offenes Almgelände. Sie hätte nicht sagen können, wie die Nacht war, die sie eingegraben im Heu verbrachte. Sie wusste nicht mehr, wie lange der Abstieg bis ins erste Dorf noch gedauert hatte, aber sie sah noch lange danach die fragenden Blicke in den trüben, ausdruckslosen Gesichtern der ersten fremden Menschen, die sie zu sehen bekam.

Ob sie blieb? Nach dem Weg zu einem Bahnhof fragte? Ob sie um Hilfe bat oder ob sie Hilfe bekam? Ob sie jemanden dafür bezahlte, ihr zu helfen?

Irgendwann bestieg sie eine Eisenbahn. Da wunderte sie sich, dass ihre Kleidung trocken war, sogar die Stiefel waren trocken. In Innsbruck musste sie umsteigen, der Schaffner wies sie darauf hin. Dort, am Bahnhof in der Stadt inmitten der Berge, bemerkte sie, wie die Leute sie anstarrten. Es war ihr egal. Es kümmerte sie nicht, dass man sich wegen ihr, einer Frau, die in Männerkleidung reiste, die Mäuler zerriss.

Auf der Fahrt nach München versuchte sie zu schlafen. Aber so müde sie war, es gelang ihr nicht.

Sie hatte einen Platz am Fenster. Ihren Kopf lehnte sie gegen das kalte Glas. Gut tat das. Sie starrte die ganze Zeit über nur auf den vorbeirauschenden schmalen Streifen unmittelbar neben den Gleisen.

»Seht mal, die Berge«, hörte sie jemanden begeistert ausrufen. Aber sie schaute nicht auf.

Die Berge? Das war einmal. Damit war genug.

Sie hörte auf den Rhythmus der Räder auf den Schienen. Es war fast wie eine Musik. Aber es war eine schwere Musik, traurig, düster. Eine Melodie des Abschieds, des Fortgehens, für immer.

Wenn ich alleine wäre, würde ich versuchen zu weinen, dachte sie. Doch zugleich war sie sich bewusst, dass keine Tränen kämen.

Der Zug rollte durch das lange Inntal, erreichte Kufstein, dann Rosenheim.

Es war noch ein weiter, weiter Weg zurück.

20

Magda, die sonst so scheue Magda, Jakobs Frau, die früher kaum einer je ernst genommen hatte in der großen Familie der Berneis, sie wurde vorerst als Einzige in das ungeheuerliche Geheimnis eingeweiht. Sie war Lidia erst zur Freundin geworden. Jetzt wurde sie zur Vertrauten.

»Ich muss dir was sagen, Magda.«

»Sag.«

»Du sagst es aber niemandem. Versprichst du mir das?«

»Wem sollte ich es schon sagen?«

Lidia wusste es ohnehin, dass sie sich auf ihre Schwägerin verlassen konnte. Sie lächelte. Sie war froh, dass sie Magda hatte.

»Eigentlich ist es ja auch egal, ob du es erzählst oder nicht. Dauert nicht mehr lange, dann wissen eh alle alles.«

Magda zog die Stirn in Falten und schaute Lidia besorgt an. »Nun sag schon.«

Lidia sog die Luft tief ein. Selbst der Freundin gegenüber kostete sie es Überwindung, das zu sagen, was zu sagen war.

»Seit einigen Monaten ... dreimal jetzt ... also dreimal hintereinander ist bei mir das Blut ausgeblieben ...«

»Das ist nicht wahr!«

»Doch. Ist es. Ich bin guter Hoffnung. Ich bekomm ein Kind.«

Magda hatte nie gefragt, wo Lidia den Winter über gewesen war. Sie musste geahnt haben, dass Lidia in dieser Angelegenheit nicht in sich dringen lassen wollte. Und Lidia hatte von sich aus nie die Sprache darauf gebracht – und würde es auch fürderhin nicht tun. So war Magdas Überraschung für sie nur allzu verständlich.

»Das gibt einen Skandal!« Magda wirkte geschockt.

»Einen Riesenskandal!«

Geschockt und sehr besorgt. Immer wieder sah sie in Lidias Augen und ließ den Blick auf ihren Bauch schwenken. Natürlich sah man nichts, die Taille war eng geschnürt, kein Mensch hätte auf die Idee kommen können, dass Lidia ...

»Ein Skandal, das sage ich dir. Und ich glaub es einfach nicht. Ich kann es einfach nicht glauben! – Willst du es bekommen?«

Lidia nickte.

Sie hatte an vielen Tagen darüber nachgedacht. Sie wusste, dass die Frauen aus einfachen Verhältnissen zu den Engelmachern gingen, damit die ihnen mit Stricknadeln den Fötus im Leib erstachen. Oft gingen dabei auch die Frauen zugrunde. Sie aber war wohlhabend. Sie hätte sich in eine private Klinik begeben können. Sie erinnerte sich, dass im Bekanntenkreis ...

Aber sie wollte das Kind. Ihr Kind.

Sie nickte.

»Lass uns ein Stückchen gehen. Ich glaube, im Gehen kann ich diese Neuigkeiten besser verarbeiten. Ist ja alles schon ganz außerordentlich.«

Magda hakte Lidia unter, und so gingen sie, zwei Verbündete, auf die Stadt zu. Das Blaue Wunder, jene die Elbe kühn und elegant überspannende Brücke, hatten sie dabei vor Augen. Der Tag war mild, ein Tag spät im Mai. Die Natur hatte beschlossen, rasch vom Frühling in den Sommer überzugehen.

»Erzählst du mir, was geschehen ist?«, fragte Magda.

Lidia lächelte sie verständnisvoll an. Aber erzählen wollte sie dennoch nichts.

»Irgendwann vielleicht. Aber jetzt möchte ich noch nicht. Ich bitte dich, meine Liebe, hab Geduld mit mir.«

Sie spürte, wie Magda ihr das Handgelenk drückte und mit dem Daumen dabei sanft über ihren Handrücken strich. Und sie wertete diese Geste als stille Einverständniserklärung.

Schweigend gingen sie eine ganze Weile dahin, ehe Lidia wieder das Wort ergriff.

»Ich freue mich auf mein Kind. Und ich lass mir diese Freude von nichts und von niemandem vergällen. Ich schaffe es auch, meinen Jungen ohne Vater großzuziehen. Ich werde dafür sorgen, dass er schöne Kindertage hat. Und ich werd ihm schon helfen, zu einem schönen und stattlichen jungen Mann heranzureifen. Die jungen Damen werden ihn eines Tages anhimmeln – und es wird ihnen egal sein, dass er ein illegitimes Kind ist, wenn du so willst. Er wird schon ein stattlicher Junge werden, du wirst es ja sehen ...«

Magda lächelte in sich hinein. Sie selbst hatte zweimal erlebt, was es bedeutete, Mutter zu werden. Sie konnte nur zu gut verstehen, welches

Glück, welche Freude und welche Hoffnungen damit einhergingen. Und irgendwie war es ja herrlich, dies nun noch einmal bei der Schwägerin mitzuerleben. Aber ...

»Ich will dir deine Vorfreude weiß Gott nicht schmälern. Aber du tust gerade so, als gäbe es nichts anderes als Jungen auf der Welt. Wenn es nun ein Mädchen wird?«

»Es wird ein Junge«, sagte Lidia und wirkte dabei fast ein wenig trotzig. »Es wird ein Junge!«

»Kannst du doch gar nicht wissen«, gab Magda zurück und bemerkte im selben Moment, dass sie, beide längst jenseits der Vierzig, sich wie Backfische benahmen. »Kein Mensch könnte das wissen«, triezte sie Lidia weiter. Das weiß nur der liebe Gott.«

Lidia blieb abrupt stehen. Sie löste ihren Arm aus Magdas Arm und sagte:

»Doch, ich weiß es. Und weißt du warum?«

Magda zog eine Augenbraue fragend nach oben.

»Ich spür es beim Pissen ...«

»Lidia!«, unterbrach Magda sie mit einer Empörung, die durchaus etwas aufgesetzt erschien. »Lidia! Wie ordinär du dich ausdrückst ...«

Woraufhin beide zu lachen begannen und sich lange nicht mehr beruhigen konnten.

Noch immer lachend, wiederholte Lidia dann, was sie soeben zum Besten gegeben hatte – und was für sie mehr war als nur ein frecher Spruch. Viel mehr.

»Wirklich, Magda«, sagte sie. »Ich spür es beim Pissen im Urin.«

NACHSATZ

Die Personen dieser Geschichte sind frei erfunden. So, wie hier beschrieben, hat es sie gewiss nicht gegeben.
Ohne die Aufzeichnungen des Josef Enzensberger aber, der 1900/01 als erster Meteorologe den Winter auf der fast dreitausend Meter hohen Zugspitze verbrachte, hätte diese Geschichte nie zu leben begonnen.

Besonderer Dank für tatkräftige Unterstützung bei den Recherchen gebührt Franz Wörndle vom Marktarchiv sowie der Marktgemeinde Garmisch-Partenkirchen und auch der Bayerischen Zugspitzbahn AG.

Vor allem aber muss betont sein, dass die Geschichte stets inspiriert worden ist von der rauen Schönheit des Wettersteingebirges.

Stefan König/Florian Trenker

BERA LUIS –
Das Phänomen Luis Trenker.
Eine Biographie

288 Seiten mit über 100 Abbildungen.
Klappenbroschur
ISBN 978-3-939499-02-2

Luis Trenker war eine Kultfigur: Ein Filmschauspieler, der mit seinem rauen Charme die Leinwände in Deutschland, in halb Europa und in Amerika erobert hat. Ein Filmregisseur, der immer wieder die Faszination des Bergsteigens in den Mittelpunkt seiner dramatischen und berührenden Kinogeschichten gesetzt hat. Dazu ein fulminanter Geschichtenerzähler, der mit dieser besonderen Gabe jedes Publikum gleichsam um den Finger wickeln konnte. Ein außergewöhnlicher Mann, der die deutsche Kino-, Fernseh- und Hörfunkgeschichte ganz wesentlich geprägt hat.

- Die erste und bisher einzige Biographie zum »König der Berge«
- Eine spannende Würdigung von Trenkers Werk als Bergsteiger, Erzähler und Filmschaffender
- Ein Blick hinter die Fassade eines Mythos

»Das macht den Wert dieser Biographie aus – sie ist durch und durch ehrlich.« (Bergsteiger)

»Ein spannend und unterhaltsam erzähltes Leben, eingebunden in hundert Jahre bewegter Zeitgeschichte.« (Die Dolomiten)

»Die Biographie über die Kultfigur aus dem Grödnertal zeichnet ein spannendes und umfassendes Bild des Bergsteigers, Erzählers und Filmschaffenden Trenkers.« (Neue Zürcher Zeitung)

www.bergundtal-verlag.de